Overwin je vl

Allen Carr bij Boekerij:

Stoppen met roken
Stoppen met roken voor vrouwen
Stoppen met alcohol
Eindelijk je streefgewicht
Overwin je vliegangst

Allen Carr

Overwin je vliegangst

Snel en doeltreffend, ga voortaan met een gerust gevoel op reis

BOEKERIJ

Eerste druk 2000
Tweede druk 2020

ISBN 978-90-225-8892-5
ISBN 978-94-023-1430-4 (e-book)
NUR 860

Oorspronkelijke titel: *The Easy Way to Enjoy Flying*
Oorspronkelijke uitgever: Penguin Books
Vertaling: Rogier van Kappel
Omslagontwerp: bij Barbara
Zetwerk: Mat-Zet bv, Soest

Overwin je vliegangst verscheen eerder als *Overwin je vliegangst*

Voor Adelle Mirer, die me bewust heeft gemaakt
van de miljoenen mensen voor wie het genoegen
van het vliegen een nachtmerrie is

Inhoud

Inleiding

door Adelle Mirer

Meer dan twintig jaar ben ik een verstokte, zestig-sigarettenper-dagroker geweest. Ik heb een paar keer geprobeerd te stoppen. Aanvankelijk probeerde ik het met wilskracht, maar het duurde niet lang voordat ik erachter kwam dat ik die helemaal niet heb. Daarna heb ik nog pogingen gedaan met acupunctuur, hypnose, nicotinekauwgum en -pleisters. Al die methoden leken een tijdje te werken. Ik werd er niet gillend gek van, maar het gevoel dat ik een roker was die niet meer mocht roken, wist ik maar niet van me af te zetten. Net als de meeste andere ex-rokers snakte ik soms zó naar een sigaret dat ik op een gegeven moment de verleiding niet kon weerstaan en al snel zat ik weer op zestig per dag.

Ik had over Allen Carr gehoord. Ik had hem op de televisie gezien en ik kende zelfs een paar mensen die na een van zijn cursussen écht gestopt waren. Mijn man had zelfs een van Allens boeken voor me gekocht. Achteraf vind ik het hartstikke stom van mezelf dat ik niet de moeite heb genomen om dat meteen te lezen, maar ik laat me nou eenmaal niet snel iets wijsmaken. Dat ik me langzaam maar zeker aan het doodroken was, wist ik al en dat het me een fortuin kostte ook. Stoppen was voor mij het probleem niet. Stóppen met roken kon ik alleen ook wel, maar ik had niet het idee dat een boek me zou kunnen verlossen van dat nare gevoel dat ik mijn trouwe maatje kwijt was.

Een jaar of drie later, terwijl ik naar iets anders op zoek was, vond ik Allen Carrs boek terug. Ik was inmiddels zelfs al gestopt met stoppen, dus waarom ik het begon te lezen, weet ik niet, maar na de eerste pagina kon ik het niet meer wegleggen. Ik las niet over Allen Carr, maar over mijn eigen leven! Toen ik het uit had, rookte ik mijn laatste sigaret en sindsdien heb ik nooit ook maar de geringste aanvechting gevoeld om er nog een op te steken.

Behalve het roken waren er twee andere delen van mijn leven die me behoorlijk veel last bezorgden. Wrang genoeg was een daarvan dat ik sinds mijn twintigste altijd een verwoed gevecht tegen de pondjes heb moeten voeren. De meeste getrouwde vrouwen van middelbare leeftijd met twee kinderen hebben daarmee te kampen, dus zo bijzonder is dat niet, maar ík had altijd beweerd dat ik aan de sigaret was geraakt en gebleven omdat ik van dat overtollige vet af wilde komen.

Nu was Allen Carr mijn goeroe. Maar toen ik hoorde dat hij zijn methode nu op het afvallen had gericht en dat het net zo makkelijk en prettig was om precies het gewicht te bereiken dat je wilt, had ik weer zo mijn twijfels. Per slot van rekening heeft Allen zelf geschreven:

Roken is vies, giftig en dodelijk, terwijl eten prettig, leuk en levensreddend is.

Ik moet zeggen dat mijn geloof in hem toen heeft gewankeld, tot mijn schande, want hij bleek volkomen gelijk te hebben. Inmiddels heb je misschien al geraden dat mijn derde probleem een panische vliegangst was. Allen kent alle leugens en drogredenen waar rokers, alcoholisten en andere drugsverslaafden noodgedwongen hun toevlucht toe nemen en mijn lotgenoten hoef ik niet uit te leggen dat al die ellende in het niet valt bij wat mensen met vliegangst te verduren hebben. Ik zal hier niet ingaan op de kwellingen die ik moest doorstaan bij de gedachte dat ik in een vliegtuig zou moeten stappen, en ook niet op de ingewikkelde leugens die ik ophing om daaraan te ontkomen. Nu besef ik dat ik niet alleen mezelf daar niet mee voor de gek wist te houden, maar dat ik ook mijn vrienden en familieleden niets wijsmaakte. Ze hadden gewoon te veel medelijden met me om me te laten merken dat ik een heleboel leuke dingen misliep doordat ik zo bang was om te vliegen, en ze waren te beleefd om me erop te wijzen dat zij die daarom ook aan hun neus voorbij zagen gaan.

Allen vertelde me dat hij zich ooit bij de gedachte aan vliegen net zo panisch had gevoeld als ik, maar dat hij het nu beschouwde als een interessant, prettig en opwindend onderdeel van een vakantie of zakenreis, en niet langer als een angstaanjagende beproeving die je nu eenmaal dient te ondergaan om van een vakantie in het buitenland te kunnen genieten. Mijn vertrouwen in Allen was inmiddels zo groot dat ik nu geen reden meer had om aan hem te twijfelen. Maar toch twijfelde ik. Per slot van rekening zijn roken en te veel eten dingen die mensen doen terwijl ze willen dat ze die niet deden en is vliegen het tegenovergestelde daarvan. Veel mensen zouden het maar al te graag leuk vinden, maar het lukt ze gewoon niet.

Ik vroeg hem wat hij dan had gedaan om dat te bereiken en daarna hebben we twee uur met elkaar zitten praten. Vergeet niet dat ik tot die tijd niet alleen nog nooit had gevlogen, maar ook nooit de moed had weten op te brengen om zelfs maar een luchthaven te bezoeken of serieus te denken over het boeken van een vlucht. Toen we waren uitgepraat had ik tranen in mijn ogen – tranen van vreugde. Ik kon gewoon niet wachten om een vakantie in het buitenland te boeken. Niet omdat ik zo hard aan vakantie toe was, maar omdat ik aan het eind van dat gesprek al van mijn vliegangst verlost was en stond te popelen om dat te bewijzen.

1

Wie wil er nou naar het buitenland?

Het was de tijd waarin vliegvakanties naar zonnige oorden – Mallorca, de Canarische Eilanden en, als je echt geld had, de Bahama's – nog niet zo algemeen gangbaar waren als tegenwoordig, maar ze begonnen een stuk goedkoper te worden en waren in de mode.

Ik was kortgeleden geslaagd voor mijn accountantsexamen. Mijn inkomen, auto en huis waren net iets beter dan die van de meeste van mijn vrienden, en mijn hypotheek was net iets lager. Maar terwijl ík twee weken in zo'n typisch Engels bungalowpark met georganiseerd vermaak nog steeds als de vakantie van mijn leven beschouwde, baadden mijn vrienden in de overvloedige zon van de Middellandse Zeekust.

Waarom volgde ik hun voorbeeld niet? Kwam dat omdat ik trouw was aan de Britse vakantie-industrie? Nee. Kwam het omdat het weer in Engeland zoveel beter is dan dat aan de Middellandse Zee? Daar hoef ik niet eens antwoord op te geven. Kwam het dan misschien omdat ik echt genoot van die twee weken in een gezellig Engels resort waar je overdag prettig wordt beziggehouden en je 's avonds gewoon kunt aanschuiven? Ik hoop dat ik niet snobistisch klink, maar het antwoord luidt nee. Was het dan misschien het eten? Ik twijfel er niet aan dat het eten in dat resort net zo lekker en voedzaam was als het eten in al die exotische oorden, maar aan het eind van de vakantie was ik altijd heel blij dat ik weer gewoon kon eten wat mijn vrouw voor ons gekookt had. Het antwoord ligt voor de hand: het waren de kosten. Twee weken in een resort in Bognor Regis moest wel een stuk goedkoper zijn dan twee weken aan de Costa del Sol. Tot mijn stomme verbazing bleek het omgekeerde echter waar te zijn. Toen ik na lange tijd eindelijk voldoende moed wist te verzamelen voor die eerste vlucht... Neem me niet kwalijk: ik draai mezelf nog steeds een rad voor ogen. Ik bedoel: toen ik voor de eerste keer tot die afgrijselijke vlucht werd gedwongen, kregen we twee weken Mallorca, inclusief een retourticket en volpension in een viersterrenhotel voor ongeveer honderd pond per persoon, kinderen halve prijs.

Ik weet ook wel dat ik nu net iemand uit Monty Python ben, zo'n figuur die zegt: 'Ik kan me nog herinneren dat je vroeger met een koets met vier paarden ervoor naar een chic restaurant kon gaan, daarna naar een balletvoorstelling in Covent Garden, gevolgd door een souper in het Ritz en dan nog iets terugkreeg van een briefje van vijfentwintig.' Het is echter een feit dat twee weken vakantie in Engeland me meer dan twee keer zoveel zou hebben gekost als dat reisje naar Mallorca. Dát is vermoedelijk ook de reden waarom het reisbureau naderhand failliet is gegaan... Maar dat is hun probleem. De werkelijke reden dat ik nooit eerder serieus had overwogen om in het buitenland op vakantie te gaan, was dat ik nog nooit in een vliegtuig had gezeten en dat ik bang was om te vliegen – al was ik me daar in die tijd nog niet bewust van. Dat is nu meer dan dertig jaar geleden. Ik kan me niet goed meer herinneren hoe ik me destijds precies voelde, en ik weet maar al te goed hoe handig alcoholisten, nicotineverslaafden en andere drugsgebruikers erin zijn om zichzelf voor de gek te houden.

Ik ga ervan uit dat iedereen die de moeite neemt om dit boek te lezen zich niet zomaar niet zo op zijn gemak voelt als hij moet vliegen. Paniek zal vermoedelijk een betere omschrijving van je gevoelens zijn. Ik kan echter met zekerheid stellen dat mijn werkelijke emoties van destijds beter omschreven konden worden als lichte bezorgdheid dan als acute angst. Per slot van rekening had ik ervoor gekozen om mijn dienstplicht niet bij het leger te vervullen, maar bij de RAF. Het enige RAF-toestel dat ik in mijn twee jaar bij de luchtmacht heb gezien, was een stilstaande Spitfire bij de ingang van het opkomstcentrum in Padgate. Ik had me zelfs aangemeld voor de pilotenopleiding. Het spreekt vanzelf dat ik niet werd toegelaten, maar waar het hier om gaat, is dat ik me nooit zou hebben aangemeld als ik destijds echt last van vliegangst had gehad.

Terug naar die eerste vliegvakantie. Die was ons aangeraden door een ander echtpaar en was zo goedkoop dat we gewoon geen nee konden zeggen. Vóór de vakantie zijn we een paar keer bij elkaar gekomen. Het waren spannende, opgewonden avonden. We maakten grootse plannen over alle geweldige dingen die we zouden gaan doen en we keken er enorm naar uit. Dat soort voorpret is een gewoonte die ik van harte kan aanbevelen. Zelfs de best voorbereide vakantie kan volledig in het water vallen, maar van de leuke verwachtingen kun je voordat de vakantie begonnen is al veel en vaak genoten hebben.

2

Van lichte bezorgdheid naar gierende angst

Voor ons allemaal, ook voor de kinderen, was het niet alleen de eerste keer dat we zouden gaan vliegen, maar ook de eerste keer dat we op vakantie gingen naar een ver en exotisch buitenland. Voor mij waren die voorbereidingsavondjes na verloop van tijd echter niet leuk meer. Sterker nog: ze werden een absolute hel. Ik wist waarom ik bang was. Hoewel ik besefte dat vliegen statistisch gezien de veiligste vorm van vervoer is, kon ik de gedachte aan alles wat er mis kon gaan niet van me afzetten. Er was zoveel dat mis kon gaan en op een hoogte van tien kilometer was één ding dat misliep al genoeg voor een ramp.

In de laatste weken voor de vlucht kon ik me overdag niet concentreren en lag ik de halve nacht wakker, terwijl ik me voorstelde wat er allemaal mis kon gaan. Wrang genoeg was mijn grootste angst dat ik mezelf er niet toe zou kunnen brengen om ook werkelijk in het toestel te stappen. De vlucht zelf was een acute nachtmerrie. De details ben ik inmiddels vergeten, maar acht uur lang wachten, gevolgd door een dolle ren over de startbaan met een drie jaar oud kind onder mijn arm en een ander kind aan de hand had mijn paniek er bepaald niet minder op gemaakt.

Normaal heb ik geen last van claustrofobie, maar het vliegtuig zag er vanbuiten al piepklein uit. Ik had nog even de hoop dat het vanbinnen ruimer zou lijken, maar die hoop werd snel de bodem ingeslagen. De cabine was een kleine, benauwde ruimte en toen de deur werd dichtgeslagen was het alsof een reuzenhand zich om mijn luchtpijp klemde. De hele vlucht hield ik mijn handen zo stevig om de stoelleuningen geklemd dat mijn knokkels er wit van wegtrokken.

Het werd al snel duidelijk dat de startbaan niet lang genoeg was om te kunnen opstijgen. Het was allemaal mijn schuld. Had ik nou maar niet met alle geweld mijn golfclubs willen meenemen! Het was duidelijk dat dat extra gewicht het probleem was. Elk piepje en kreuntje van het hydraulisch systeem, elke verandering in de toonhoogte van de motoren, zelfs de kleinste verandering in hoogte of richting was voor mij een teken van een naderende ramp. Zelfs het eigenlijk best aangename *ping*-geluidje waarmee de mededelingen over de luidsprekers werden aangekondigd, werd de boodschapper van een onafwendbare verdoemenis.

PING – *O lieve God! De gezagvoerder gaat vertellen dat we een noodlanding op zee moeten maken.*

Die paniekerige seconden voordat het tot me doordrong dat ze je alleen maar vertelden dat je weer mocht roken of je veiligheidsgordel los mocht maken, of dat de stewardess langs zou komen met een drankje, met het eten of met de belastingvrije artikelen... Het leken wel uren!

Ik kan me nog herinneren hoe intens opgelucht ik was toen we eindelijk boven de landingsbaan hingen en het vliegtuig snel afremde, van meer dan achthonderd naar honderd kilometer per uur. Zelfs als er nu nog iets misgaat, zo dacht ik, dan hebben we het toch nog overleefd. Toen het vliegtuig tot stilstand kwam, was er een ogenblik van intense vreugde. We hadden het gered. Nu kon ik in ieder geval twee weken van de zon genieten voordat ik weer terug moest vliegen. Bij die laatste drie woorden was het gevoel van vreugde ineens weg. Zelfs voordat ik uit het vliegtuig stapte, begon ik me al zorgen te maken over de terugreis en de hele twee weken kon ik nergens anders meer aan denken. Mijn vakantie werd er volkomen door bedorven.

Ik denk dat onze maatschappij over het algemeen veel te luchthartig reageert op mensen met vliegangst. Elk jaar werken we ons kapot om een paar weken in het een of andere exotische oord te kunnen doorbrengen. Een aanzienlijk deel van ons inkomen wordt voor dat doel opzijgezet. Maar als we geheel buiten onze schuld last van vliegangst hebben, dan is onze jaarlijkse vakantie geen beloning, maar een nachtmerrie, en die duurt langer dan twee weken. Ze begint al op het moment dat we onze vlucht boeken en houdt pas op als we de terugreis veilig achter de rug hebben. En zelfs dan is het probleem nog niet opgelost, want je weet dat je de rest van je leven met dezelfde ellende te kampen zult hebben.

Ik beloof je dat dat niet het geval zal zijn.

Niet alleen hoeft dat niet zo te zijn, sterker nog, als je alle instructies in dit boek opvolgt, zult je als je het uit hebt net als Adelle staan te popelen tot je de kans krijgt om in een vliegtuig te stappen, zelfs als het de eerste keer is. De eerste instructie luidt:

hou je aan alle instructies in dit boek

Elke instructie die ik je geef, is belangrijk en de eerste is de belangrijkste, want als je je daaraan houdt, kun je niet falen.

De volgende twee instructies zijn de enige moeilijke die ik je zal geven. De tweede instructie luidt:

zet je vooroordelen opzij

We denken allemaal graag van onszelf dat we onze blik niet laten vertroebelen door vooroordelen en misschien heb je deze instructie gelezen zonder erbij na te denken. Als dat zo is, dan heb je je er nu al niet aan gehouden. Ik wil dat je je sceptisch opstelt en je bij alles afvraagt of het wel zinnig is, niet alleen alles wat ik nu tegen je zeg, maar ook alles wat je van wie dan ook hebt gehoord. Ik wil vooral dat je kanttekeningen plaatst bij je eigen denkbeelden, en zelfs dat je daar zover in gaat dat je niet beslist of je eigenlijk vliegangst hebt tot je dit boek uit hebt.

Waarschijnlijk ben je op dit moment licht bezorgd. Dat zou kunnen komen doordat je opziet tegen een mogelijke teleurstelling of bang bent dat ik je zal overhalen een vlucht te boeken en dat dat op een ramp uitdraait. Daarmee bedoel ik niet dat het toestel neerstort, maar dat de vlucht voor je een afschuwelijk trauma zal worden.

Je beseft het nu misschien nog niet, maar vliegangst is een emotioneel en mentaal probleem en daarom kan iedereen zich eroverheen zetten. Luchthavens zijn fascinerende oorden en vliegen kan al even fascinerend zijn, als je tenminste geen last van vliegangst hebt. Als je daar wél last van hebt, dan zijn ze niets voor jou. Je verkeert dus in de gelukkige situatie dat je veel te winnen en niets te verliezen hebt. Het ergste wat je kan overkomen, is dat ik er niet in slaag om je te helpen bij het wegnemen van je vliegangst, en in dat geval ben je niet slechter af dan voordat je hiermee begon.

Als je al begint met het sombere gevoel dat je poging tot mislukken gedoemd is, wil dat nog niet zeggen dat die ook werkelijk niet zal slagen, maar wel dat je de kans op succes heel wat kleiner maakt en dat je het boek hoogstwaarschijnlijk nog een keer zult moeten lezen, of zelfs een paar keer.

Daarom is de derde instructie:

begin in een opgewekte stemming

Dit is natuurlijk zo'n situatie van de kip en het ei. Als ik je er eerst van weet te overtuigen dat dit boek iedereen met vliegangst daarvan af kan helpen, ook jou, dan zou je je al opgewekt voelen. Maar als je begint met het gevoel dat je poging tot mislukken gedoemd is, dan is de kans op falen een stuk groter. Je dient daarom vertrouwen in mij te stellen. Per slot van rekening zal ik je niet vragen om wilskracht te gebruiken. Ik zal je zelfs niet vragen om moedig te zijn. Het enige wat ik van je vraag, is om dit boek onbevooroordeeld te lezen. Er is niets ergs aan de hand. Integendeel. Je staat op het punt iets heerlijks mee te maken. Beschouw dit als een opwindende uitdaging. Wees er trots op dat je je over je angst heen zult zetten. En verschaf mij het genoegen dat ik je daarbij van dienst kan zijn.

Als ik je om je vertrouwen vraag, heb ik het niet over blind geloof in mij. In dit boek zal ik je alles uitleggen en als je het uit hebt, heb je dat geloof niet meer nodig, want dan zul je vertrouwen in me hebben. Misschien zal ik je in de juiste geestesgesteldheid kunnen brengen als ik je wat meer vertel over:

mijn methode

3

Mijn methode

Uit Adelles inleiding zul je inmiddels wel hebben opgemaakt dat ik aanvankelijk bekend ben geworden omdat ik een methode heb ontdekt die iedere roker in staat stelt onmiddellijk en blijvend te stoppen met roken – zonder onthoudingsverschijnselen en zonder het gebruik van wilskracht, technische foefjes of vervangende middelen.

Rokers komen bezorgd of zelfs volkomen in paniek naar mijn cursus 'stoppen met roken' en vier uur later gaan ze als gelukkige niet-rokers weg. Na twee jaar had ik zo'n reputatie opgebouwd dat rokers van over de hele wereld naar Engeland kwamen om mijn cursus te volgen en het al snel een hopeloze taak werd om te proberen hen allemaal zelf te helpen.

Daarom heb ik een boek geschreven over mijn methode. *Stoppen met roken* is een enorme bestseller geweest en in meer dan twintig talen vertaald.

Destijds had ik het idee dat mijn ontdekking uitsluitend met roken te maken had. Sindsdien heb ik echter leiding gegeven aan duizenden groepsbijeenkomsten en daardoor ben ik in de loop der tijd tot het inzicht gekomen dat mijn methode net zo goed zou kunnen werken voor welke andere vorm van drugsverslaving dan ook, inclusief verslaving aan alcohol en heroïne, of welke andere zuiver geestelijke verslaving of fobie dan ook. Misschien geloof je dat problemen als alcohol, nicotine en heroïne voornamelijk lichamelijke problemen zijn, 'omdat het toch allemaal vergif is'. Dat is niet het geval. Deze middelen vormen uitsluitend een probleem omdat wij ze innemen. Arsenicum en strychnine zijn ook zwaar giftig, maar ze vormen geen probleem voor ons omdat we niet de wens of behoefte voelen om ze te drinken, te spuiten of te roken.

Het geloof dat aan de wortel van het probleem ligt, is dat nicotine, heroïne of alcohol ons op de een of andere manier plezier bezorgen of steun geven. Zelfs als je van mening bent dat het probleem lichamelijk of gedeeltelijk lichamelijk is, is de oplossing toch zuiver mentaal. Haal de wens of behoefte om vergif in te nemen weg en het probleem is opgelost.

Adelle had het idee dat stoppen met roken en het opheffen van vliegangst elkaars tegengestelde zijn. Hoe zou dezelfde methode dan beide problemen kunnen oplossen? Ik moet toegeven dat haar idee op het eerste gezicht logisch lijkt. Roken zou nauwkeurig gedefinieerd kunnen worden als:

een bezigheid waarvan rokers zich niet laten weerhouden door het feit dat één op de vier mensen eraan doodgaat.

Vliegen daarentegen zou kunnen worden omschreven als:

een bezigheid waaraan sommige mensen maar al te graag zouden meedoen, maar waarvan ze zich laten weerhouden door het feit dat één op de zoveel miljoen mensen eraan doodgaat.

Het is wrang dat er letterlijk miljoenen mensen op deze planeet rondlopen die met beide problemen te kampen hebben. De beroemde golfer Neil Coles vormde een klassiek voorbeeld. Zijn vliegangst weerhield hem ervan om miljoenen dollars te verdienen bij de Amerikaanse golftoernooien, maar tegelijkertijd liep hij kettingrokend over het golfterrein.

Stoppen met roken en het wegnemen van vliegangst lijken daarom, oppervlakkig beschouwd, elkaars tegengestelde te zijn. Iemand die aan vliegangst heeft geleden, zoals ik bijvoorbeeld, zou daaruit het volgende kunnen afleiden: proberen iemand te laten stoppen met roken wil zeggen dat je probeert iemand ervan te overtuigen dat hij met iets moet stoppen wat hij prettig vindt, omdat het gevaarlijk voor hem is. Proberen iemand te helpen om over zijn vliegangst heen te komen wil echter zeggen dat we hem zover moeten zien te krijgen dat hij iets doet waar hij helemaal geen zin in heeft door hem erop te wijzen dat het helemaal niet gevaarlijk is.

Is het nu duidelijker? Nee, natuurlijk niet. Ik maak de verwarring er alleen maar groter op en het is de verwarring die aan het probleem ten grondslag ligt. Laten we de twee problemen nog eens onder de loep nemen. Rokers kunnen je urenlang doorzagen over de geneugten van het roken. Ze vertellen je hoe heerlijk sigaretten smaken – het lijkt niet eens bij hen op te komen dat ze die dingen niet opeten. Ze vertellen je dat roken verveling en stress kan verminderen en dat het hen helpt zich te ontspannen en zich beter te concentreren. Dat verveling en concentratie elkaars tegenovergestelde zijn, net zoals stress en ontspanning, lijkt niet eens bij hen op te komen en ze vragen zich dan ook niet af hoe het mogelijk is dat twee sigaretten uit één en hetzelfde pakje een volkomen tegengestelde uitwerking hebben.

Ondanks al die fantastische voordelen van de sigaret waarvan rokers zo overtuigd zijn, hoef je een roker, het maakt niet uit wie, alleen maar te vragen hoe hij het zou vinden als zijn kinderen aan de sigaret gingen om te weten dat elke roker ter wereld het verschrikkelijk zou vinden als zijn kinderen zouden gaan roken. Als je rokers vraagt waarom ze het plezier en de steun die de sigaret hun verschaft niet aan hun kinderen gunnen, beginnen ze eerst te hakkelen en staan daarna met hun mond vol tanden.

Is het werkelijke probleem van rokers niet dat het rationele deel van hun hersenen hun zegt dat ze niet zouden moeten roken, terwijl het irrationele deel van hun geest hun wijsmaakt dat ze het roken juist nodig hebben? Ze weten best dat dat inderdaad het werkelijke probleem is en daarom staat de gedachte dat hun kinderen verslaafd zouden kunnen raken hun zo tegen.

Is het werkelijke probleem van mensen met vliegangst niet dat het rationele deel van hun hersenen hun vertelt dat het volkomen veilig is om te vliegen en dat het irrationele deel zegt dat het ontzettend gevaarlijk is?

In beide gevallen is het probleem precies hetzelfde: het is een innerlijke gespletenheid, een vorm van schizofrenie. Ieder van ons vormt een eenheid en tegelijkertijd zijn we allemaal twee verschillende mensen. Een deel van onze hersenen zegt 'roken' en een ander deel zegt 'niet roken'. Een deel van onze hersenen zegt 'vliegen' en een ander deel zegt 'vliegen is gevaarlijk'.

Misschien heb je het gevoel dat het rationele deel van je hersenen 'niet vliegen' zegt en het irrationele deel 'vliegen', maar dat maakt niet uit. Het gaat om de dubbelheid van de conclusie. Dáár zit het probleem. Er zijn veel mensen op deze wereld die nooit hebben gevlogen en die van deze innerlijke strijd helemaal geen last hebben. Dat wil niet zeggen dat ze dom zijn. Ze zijn er gewoon heel tevreden mee dat ze niet vliegen.

Uit wat ik zojuist heb gezegd, zou je kunnen opmaken dat het voor jou een oplossing zou zijn om net zoals zij te worden. Het zou ontzettend jammer zijn als je dat deed, want hoewel die mensen tevreden zijn met hun lot, weten ze niet wat ze missen. Nou én? Onwetendheid kan toch een zegen zijn? Inderdaad, maar dat blijft het alleen maar zolang je geen weet hebt van je werkelijke situatie. Met roken heb ik ooit het stadium bereikt waarin ik zelfs niet meer probeerde ermee te stoppen. Mijn instelling was dat ik koos voor het kortere maar (dacht ik toen) leukere leven van een roker. Ik voerde aan dat de ellende van het rokersbestaan wel opwoog tegen de misère van een leven zonder sigaretten. Ik ben nog steeds dankbaar en blij dat ik ben gestopt en dat mijn leven als nietroker in zoveel opzichten zoveel prettiger is geworden. Het enige waarvan ik spijt heb, is dat ik niet eerder in mijn leven heb ontdekt hoe je zonder moeite kunt stoppen.

De wereld ligt aan je voeten. Ik weet niet wie die uitdrukking bedacht heeft of hoe lang geleden dat is, maar hoe dan ook, ze gaat nog steeds op. Kun je jaloers zijn op iemand die nooit zijn rijbewijs heeft gehaald? Is dat niet ongeveer hetzelfde als niet kunnen lopen? Is het niet even erg om niet in staat te zijn om te vliegen of het een traumatische ervaring te vinden als je wél de moed weet op te brengen om in een vliegtuig te stappen? Vliegen is tegenwoordig betrekkelijk goedkoop en niet langer een exclusief voorrecht van de rijken. De wereld ligt nu inderdaad aan onze voeten. De heerlijke waarheid is dat vliegen een prachtige, opwindende bezigheid is, en bovendien een volkomen veilige, en dat vliegangst door niets gerechtvaardigd wordt.

Ik heb je gevraagd om geen vooroordelen te koesteren en te beginnen met een opgewekt en vrolijk gevoel. Ik vraag je niet om psychologische trucjes te gebruiken. Je weet wel, zo van: 'de pessimist ziet de fles als halfleeg en de optimist ziet hem als halfvol'. Bij vliegen is de fles vol, maar voor iemand met vliegangst lijkt hij leeg.

Laten we onze aandacht eens richten op:

de verwarring en de hersenspoeling

4

De verwarring en de hersenspoeling

Kort nadat ik mijn methode had ontdekt, werd ik benaderd door de arts die destijds werd gezien als de toonaangevende Engelse deskundige op het gebied van 'stoppen met roken'-begeleiding. De radiopresentator Derek Jameson had mijn methode om te stoppen gebruikt en daarom had hij me uitgenodigd in zijn programma. De dokter hoorde het programma, vertelde me dat hij diep onder de indruk was en nodigde me uit eens bij hem langs te komen in zijn kliniek.

Aanvankelijk was ik gevleid, maar dat gevoel sloeg om in ergernis toen hij me vertelde dat hij me niet had uitgenodigd om me uit te horen, maar omdat ik iets van hém kon leren. Hij vertelde me hoe hij rokers in negen verschillende typen had ingedeeld en dat zijn collega's en hij probeerden een niet-verslavende sigaret te ontwikkelen. Mijn ergernis maakte echter plaats voor medelijden toen het tot me doordrong dat de man al zijn hele leven op zoek was naar de oplossing en die zelfs niet wist te herkennen toen ik die onder zijn neus had gehouden.

Er zijn vele verschillende typen rokers. Er zijn zware rokers en gelegenheidsrokers, jonge rokers en oude rokers, rokers die roken om verveling of spanning te verlichten, gezelligheidsrokers en rokers die roken omdat ze denken dat roken hen helpt zich te ontspannen of te concentreren. Er zijn gewoonterokers en verslaafde rokers. Er zijn rokers die de voorkeur geven aan sigaretten, shag, sigaren of pijpen. Artsen en psychologen hebben talloze uren besteed aan pogingen om al die vele verschillende typen te analyseren en hen van het roken af te helpen.

Ik heb geluk gehad. Ik kwam tot de ontdekking dat er maar één type roker is: het type dat gelooft dat hij of zij op de een of andere manier genoegen beleeft aan of steun krijgt van het roken. Tegelijkertijd realiseerde ik me dat die steun of dat genoegen niet meer dan een subtiele illusie vormde.

Waarom heeft mijn methode zoveel succes gehad? Omdat die volkomen het tegenovergestelde was van de andere methoden? Andere methoden richtten zich op de enorme nadelen van het rokersbestaan: de verhoogde kans op afgrijselijke ziekten, de geldverspilling, de viezigheid, de afkeurende blikken, de slavernij. Met andere woorden: ze richtten zich op de stupide kanten van het roken. Deze methoden lieten buiten beschouwing dat rokers niet roken vanwege de goede redenen om het roken te laten en dat het er juist om gaat de redenen waardoor ze blijven roken weg te nemen.

Wat was de grote ontdekking die ik had gedaan? Hoe komt het dat ik iedere roker zover kan krijgen dat hij het gemakkelijk vindt om te stoppen, onmiddellijk en voorgoed?

Dat was niet meer dan dit:

ik heb de verwarring weggehaald

De verschrikkelijke kwellingen die rokers doormaken als ze proberen te stoppen, zijn niet de afschuwelijke ontwenningsverschijnselen van de nicotine, maar het geloof dat ze werkelijk iets opofferen. Ze denken écht dat het roken iets was waaraan ze op een of ander manier genoegen beleefden of dat hun steun gaf, en ze zijn bang dat ze, als ze het roken moeten laten, nooit meer werkelijk zullen kunnen genieten van feestjes en partijen, avondjes in het café en dergelijke of dan niet goed in staat zullen zijn om met spanning om te gaan. Ze geloven ook dat ze om weer vrij te zijn het een of andere afschuwelijke trauma zullen moeten doormaken, en dat ze daarvoor moed, wilskracht en zelfdiscipline nodig zullen hebben.

Eerst legde ik de raadselen van de nicotinevalstrik uit. Ik maakte hun duidelijk waarom rokers vóórdat ze verslaafd raakten aan nicotine wél heel goed in staat waren om van een feestje te genieten of met spanning om te gaan en dat roken het juist veel moeilijker maakt om je te concentreren of te ontspannen en verveling en spanning juist erger maakt. Ik legde hun ook uit dat ze nadat ze hun laatste sigaret hadden gerookt juist meer zouden genieten van feestjes, beter in staat zouden zijn om met spanning om te gaan en – het belangrijkste van alles – dat ze niet de rest van hun leven naar een sigaret zouden hoeven snakken.

Het belangrijkste was dat ik hun angst en verwarring had geëlimineerd voordat ze hun laatste peuk uitduwden. Op het ogenblik dat ze dat deden, waren ze al niet-rokers en omdat ze beseften dat ze nu beter in staat waren met spanning om te gaan en meer plezier zouden beleven aan feestjes dan vroeger, konden ze onmiddellijk van hun rookloze bestaan gaan genieten. Hoe kan mijn methode je helpen om van je vliegangst af te komen? Het antwoord is al te vinden in Adelles inleiding. Ze beschrijft hoe verbaasd ze was toen ze na ons praatje helemaal verlost was van wat ze als haar paranoïde vliegangst had beschouwd en zijzelf veranderd bleek te zijn in iemand die stond te popelen om te gaan vliegen. Destijds was ik me bewust van haar reactie en ik was daar heel verheugd over. Ik moet echter bekennen dat mijn verbazing nog vele malen groter was. Ik was niet van plan geweest om haar van haar probleem te verlossen, integendeel zelfs. We hadden gewoon gezellig wat zitten praten en tijdens dat gesprek had ik haar verteld dat ik zelf vroeger ook vliegangst heb gehad.

Hoewel ik in die tijd niet langer in paniek raakte bij de gedachte aan vliegen, had ik er altijd nog een lichte angst voor. Het was echter duidelijk dat Adelle de hare helemaal kwijt was en het was al even duidelijk dat dat een rechtstreeks gevolg van ons gesprek was. Toen Penguin Books me vroeg om een boek over vliegangst te schrijven, heb ik aanvankelijk de boot dan ook afgehouden. Per slot van rekening begreep ik niet waarom vliegen mij nog steeds moeite kostte terwijl Adelle zich nergens meer druk om maakte. Ironisch genoeg was het pas toen ik onderzoek voor dit boek begon te doen dat ik volledig begon te begrijpen waarom Adelle haar angst zo volkomen kwijt was geraakt en waarom dat onderzoek me in staat stelde om ook mezelf van mijn laatste resten vliegangst te bevrijden.

Een deel van dat onderzoek bestond uit het lezen van boeken en het luisteren naar bandjes van andere deskundigen. Het werd me al snel duidelijk dat hun advies, al was dat nog zo goed bedoeld, er meestal niet op gericht was om de vliegangst zelf te elimineren. In plaats daarvan probeerden ze technieken te ontwikkelen die mensen met vliegangst in staat zouden stellen om zodanig met hun angsten om te gaan dat ze toch konden vliegen, al waren ze nog zo bang. Een groot deel van de moderne geestelijke en lichamelijke gezondheidszorg richt zich in de eerste plaats op symptoombestrijding in plaats van op het wegnemen van de oorzaken van het probleem.

Ik heb het nu over paniek- en angstaanvallen, hartkloppingen, benauwdheid, klamme handen en de andere onprettige lichamelijke gewaarwordingen waarvan mensen met vliegangst vaak last hebben. Zowel deze onplezierige ervaringen zelf als de angst dat je daar last van zou kunnen krijgen, zijn een rechtstreeks gevolg van vliegangst. We gaan je van je vliegangst verlossen en dat zal er automatisch voor zorgen dat je ook verlost zult zijn van de nare lichamelijke verschijnselen waarmee je misschien te kampen hebt gehad. Ook de angst dat je daar misschien last van zult krijgen, zal verdwijnen. Mensen technieken aanleren om met deze fysieke verschijnselen om te gaan, betekent dat er tegen hen wordt gezegd: 'Je vliegangst is het gevolg van de onplezierige lichamelijke verschijnselen waar je last van hebt. Als je leert daarmee om te gaan zul je geleidelijk aan ook je vliegangst weten te overwinnen.'

Het enige wat daarmee wordt bereikt, is dat de al bestaande verwarring nog groter wordt. Ik wil hier dan ook duidelijk maken dat mijn methode niet bestaat uit een geleidelijk proces van leren leven met angst. Als schooljongen was ik kampioen boksen en tegelijkertijd had ik een ziekelijke angst voor spinnen. Dezelfde cultuur die me ervan had weten te overtuigen dat het heldhaftig was om een andere jongen, die de pech had om tegenover mij in de ring te staan, zijn hersens in te slaan, terwijl ik tegelijkertijd wanhopig probeerde mijn eigen hoofd te beschermen, had me ook geleerd dat ik me maar beter kon schamen over mijn angst voor spinnen. Mannen zijn niet bang voor spinnen – dat is een luxe die alleen vrouwen zich kunnen veroorloven. Ik besloot om mezelf over mijn angst heen te helpen.

Ik zocht een kleine spin en hield die in mijn gesloten vuist. Daarna deed ik dat met steeds grotere spinnen, tot ik het stadium had bereikt waarin ik een groot en harig monster in mijn hand durfde te houden. Toen pas dacht ik: 'Waar ben ik nou eigenlijk mee bezig? Ik háát spinnen!'

Tot op de dag van vandaag heb ik een bloedhekel aan spinnen. Proberen dat probleem onder ogen te zien heeft me er niet van genezen, maar ik heb ermee leren leven. Een heleboel andere mensen komen openlijk voor hun angst voor spinnen uit en ik heb al heel lang het sterke vermoeden dat een groot deel van de mensen die beweren er niet bang voor te zijn, misschien niet helemaal de waarheid spreken. Waarom zouden ze het anders nodig achten om grote harige monsters in hun hand te houden? Ik ben niet bang voor grote stukken suiker, maar ik vind het ook niet nodig om er een paar seconden lang een vast te houden om dat te bewijzen. Als er een spin op het plafond zit, zal ik niet recht onder hem langs lopen. Als hij op de vloer zit, ga ik er zonder gewetenswroeging op staan.

Ik heb te horen gekregen dat mijn angst voor spinnen een fobie is en dat mijn angst volkomen ongegrond is, omdat er in Engeland geen spinnen voorkomen die me kwaad zouden kunnen doen. Maar dat weet ik natuurlijk ook wel. Iemand die op de stoep spuwt of zijn hond daar laat poepen, doet me ook geen kwaad, maar ik vind spuug en poep wel vies en daarom doe ik mijn best om er niet in te gaan staan. Als hondendrollen dezelfde vervelende eigenschappen zouden hebben als spinnen – zoals acht pootjes en de gewoonte om uit verborgen plekjes tevoorschijn te komen, net op een moment dat je daar niet op verdacht bent, om zich dan met de snelheid van het geluid, maar zonder dat er iets te horen is, vanaf het plafond op je te laten vallen… en als ze onzichtbare, kleverige webben zouden spinnen, precies ter hoogte van je hoofd zodat je zelfs niet weet of de spin er nog in zit als je erdoorheen loopt, ja, dan zou ik bang zijn voor hondendrollen, ook al zouden die me nog steeds geen kwaad kunnen doen. Ik beschouw mijn houding ten opzichte van spinnen niet als fobisch – die is altijd dezelfde geweest en zal dat altijd blijven.

Misschien heb je het gevoel dat je houding ten opzichte van vliegen hetzelfde is?

Er zijn twee belangrijke verschillen.

1. Zelfs als mijn angst voor spinnen irrationeel is, ben ik er heel tevreden mee om ze de rest van mijn leven uit de weg te gaan. Ik heb niet het rotgevoel dat ik iets mis.
2. Vliegangst is irrationeel. Vliegangst wordt veroorzaakt door het misverstand dat vliegen onveilig of onprettig is. Als je dat misverstand elimineert, ben je ook van de angst verlost.

Ik hóór je nu gewoon al roepen:

ik weet dat het veilig is,
maar ik ben nog steeds bang!

Nee, je weet niét dat vliegen veilig is. Misschien ben je wel bestookt met statistieken waaruit blijkt dat vliegen de veiligste methode van reizen is die er bestaat. Met het rationele deel van je geest geloof je die statistieken misschien zelfs. Tegelijkertijd ben je echter vanaf je geboorte bestookt en gehersenspoeld met informatie die je vertelt dat vliegen onnatuurlijk en gevaarlijk is.

Het is die tweespalt, die verwarring, die tot problemen leidt. We gaan die verwarring wegnemen. De eerste stap is dat we eens gaan kijken naar:

de vragenlijst

5

De vragenlijst

Wat is de vragenlijst? Het is een vragenlijst die ik heb laten invullen door honderden mensen die aan vliegangst leden. Veel van de theorieën die ik in de boeken van deskundigen had gelezen, kon ik gewoon niet geloven en ik wilde uitzoeken of ze wel klopten.

Ik had gehoopt dat ik met de vragenlijst een aanzienlijk deel van de verwarring zou kunnen wegnemen. Na verloop van tijd is dat wel gelukt, maar aanvankelijk werd die er alleen maar groter op. Omdat ik er zelf enorm de pest aan heb om vragenlijsten en enquêteformulieren in te vullen, had ik de lijst zo ontworpen dat bij de meeste vragen alleen maar ja of nee aangekruist hoefde te worden. Meer dan driehonderd mensen hebben het formulier ingevuld. De resultaten zijn opgenomen in Appendix A.

Ik had verwacht dat de antwoorden overeen zouden komen met mijn eigen ervaringen, zoals ik die op de eerste pagina's van dit boek heb beschreven. Ik had het gevoel dat mijn angsten laf en irrationeel waren en ik schaamde me ervoor. Vele mensen die aan vliegangst lijden, beschrijven echter volkomen tegenovergestelde emoties. Op grond van de kennis waarover ik destijds beschikte, was mijn angst volstrekt rationeel. Ik was helemaal niet laf. Integendeel zelfs, ik was heel erg moedig, Waarom? Omdat ik dacht dat ik mijn leven waagde, toch aan boord van dat vliegtuig ging en nooit iemand anders iets heb verteld over de ellende die ik daar heb moeten doormaken. Tegelijkertijd voelde ik me heel dom. Waarom? Omdat ik me schaamde, maar dat vóór me hield. Mijn angst om af te gaan in de ogen van mijn vrouw, kinderen en vrienden was sterker dan mijn doodsangst. Net als bij mijn angst voor spinnen het geval was, had de maatschappij me ervan weten te overtuigen dat mannen geen last van angst hadden en dat angst het exclusieve voorrecht van vrouwen en kinderen was.

Jaren later zou ik erachter komen dat we alle vier dezelfde angsten hadden gehad. Maar toch waren we alle vier zo dom dat we onze angsten vóór ons hielden. Ik kan me nauwelijks voorstellen dat de andere drie dezelfde nachtmerrie hebben doorgemaakt als ik vóór, tijdens en na die vakantie heb moeten doormaken, maar ik weet wél dat het prettiger zou zijn geweest als we de moed hadden gehad om onze bange voorgevoelens te uiten en met elkaar te delen. Ik ben oprecht van mening dat mijn bange voorgevoelens niet zouden zijn uitgegroeid tot een nachtmerrie als ik had geweten dat ik op dat moment niet alleen was.

Het zou kunnen dat je in weerwil van je vliegangst de moed hebt gehad om de beproeving, net als ik, één of meer malen te ondergaan. Als dat zo is, dan heb je alle reden om trots op jezelf te zijn. Het kan ook zijn dat het omgekeerde het geval is en dat je vluchten hebt geboekt, maar die op het laatste moment weer hebt geannuleerd of dat je zelfs al aan boord was gegaan, maar voor het opstijgen weer bent uitgestapt. Wil dat zeggen dat je minder moedig bent dan ik en reden hebt om je te schamen? Of wil het zeggen dat je minder dom bent dan ik destijds? Hoe kan ik me op een en hetzelfde ogenblik zowel moedig als stupide hebben gevoeld?

Deze kennelijk met elkaar strijdige emoties kunnen heel verwarrend zijn, vooral als we jong zijn. Misschien dat een ander verhaal uit mijn jeugd kan helpen de verwarring te bestrijden. Ik heb het over:

mijn ervaring met Eugène

6

Mijn ervaring met Eugène

Het gebeurde toen ik nog een jonge medewerker op een accountantskantoor was en ik ben bang dat ik nu weer even op iemand uit Monty Python begin te lijken. Destijds deed ik mijn uiterste best om te overleven op een salaris van twee pond per week. Hoewel we betaald werden als armoedzaaiers, werd er van ons verwacht dat we ons gedroegen als heren van stand. Daarom mochten we de kosten van de reis van ons kantoor naar dat van de cliënt declareren op basis van het eersteklastreintarief. Het zal duidelijk zijn dat we altijd een derdeklaskaartje kochten.

Bij deze gelegenheid was de cliënt gevestigd in Biggleswade. Ik wil de inwoners van Biggleswade niet voor het hoofd stoten, maar in die dagen was het een afgelegen gehucht. Er waren maar liefst vier half verhongerde medewerkers op dit boekenonderzoek gezet en een van hen, die ik verder Eugène zal noemen, had het goede idee om een auto te huren.

In die tijd konden alleen de zeer rijken zich veroorloven om een auto te kopen. Ik maakte hem een compliment en dacht bij mezelf dat hij later een uitstekende accountant zou worden. Niet alleen zouden we allemaal profiteren van het verschil tussen het eerste- en het derdeklastarief, maar we zouden zelfs nog wat goedkoper uit zijn dan met een treinkaartje.

Ik was destijds heel naïef. Het kwam helemaal niet bij me op dat die jongen net zomin accountant wilde worden als ik. Hij was dol op motorracen en hij was er helemaal niet op uit om een paar centen te besparen, maar om zijn fantasieën over motorracen op Le Mans uit te leven door met 130 kilometer per uur in een wrakke oude Austin A40 over de A1 te scheuren.

Nu weet ik ook wel dat 130 kilometer voor een moderne autorijder helemaal niets is, maar in die tijd werd zeventig kilometer per uur al als een enorme snelheid beschouwd, terwijl dat tegenwoordig als gevaarlijk langzaam wordt gezien. Dit was ook nog lang vóór de tijd van autogordels en de APK. Het was niet alleen heel gewoon om rond te rijden op banden waar nauwelijks meer profiel op zat, maar je werd zelfs als een verkwister beschouwd als je een nieuwe band kocht voor de oude geklapt was... en in die tijd waren grote stukken van de A1 nog tweebaans.

Is het je wel eens opgevallen dat we allemaal nou juist graag datgene willen waarvoor we geestelijk en lichamelijk niet goed toegerust zijn? Dat middelbare dames van 130 kilo graag een bodystocking en een maillot aantrekken? Ik heb zelfs gehoord dat Pavarotti het liefst balletdanser was geworden.

Eugène was uitzonderlijk bijziend. Na de ongelooflijke technische vooruitgang die er de afgelopen jaren met contactlenzen is geboekt, zou dat tegenwoordig niemand opvallen, maar in die dagen moest hij wel een bril met jampotjes opzetten. Zijn brillenglazen waren centimeters dik, zo dik dat de ogen erachter grotesk vertekend werden. Het was onmogelijk om ze niet op te merken.

Ik denk niet dat dat zo erg zou zijn geweest als dat de indruk had gewekt dat zijn dikke brillenglazen zijn slechte gezichtsvermogen er wat beter op maakten, maar zijn gewoonte om zich als hij aan het stuur zat zo ver voorover te buigen dat hij met zijn neus bijna tegen de voorruit zat, wekte juist de indruk dat hij niet goed zag waar hij reed.

Ik was blij dat ik op de achterbank zat. Het leek hem helemaal niet te hinderen dat hij zo ver voorovergebogen zat dat hij niet in de achteruitkijkspiegel kon kijken. Maar misschien doe ik hem nu onrecht. In die tijd en met de snelheid waarmee hij reed, had het weinig zin om in de spiegel te kijken. En wat het allemaal nog erger maakte, was dat hij net zoals vele andere autorijders de ergerlijke gewoonte had om iemand aan te kijken als hij tegen hem sprak. Ik weet dat dat beleefd is, maar als je aan het stuur zit, is het ook heel gevaarlijk. Elke keer dat hij iemand aankeek, moest ik me inhouden om hem niet bij zijn oren te grijpen en zijn gezicht weer naar de weg te draaien. De hele rit van Londen naar Biggleswade zat ik zonder een woord te zeggen doodsbang achterin, en op de terugweg ging het niet anders.

In de loop van het weekeinde vertelde ik mijn vrouw dat ik Eugène maar een gevaarlijke autorijder vond en dat ik de volgende week liever de trein nam. Het probleem was dat het huren van een auto dan voor de andere drie duurder dan een treinkaartje zou worden. Ik had een heel onprettig weekeinde. Als ik niet meer mee wilde rijden, zou ik daar een geldige reden voor moeten geven. Ik kon toegeven dat ik doodsbenauwd was en me daarmee belachelijk maken en mezelf het gevoel bezorgen dat ik een lafaard was, of ik kon zeggen dat Eugène niet kon rijden, wat me een nog laffer gevoel zou bezorgen, omdat ik in die tijd zo in de war was dat ik dan gedacht zou hebben dat ik alleen maar kritiek had op zijn autorijden omdat ik mijn eigen ongerechtvaardigde angsten wilde verhullen.

Ik was er heel trots op dat ik moedig genoeg was om me over mijn angst heen te zetten en de tweede week die hele nachtmerrie nog eens door te maken. Ik zou daar ook nu nog heel trots op zijn geweest als Eugène er de derde week niet in geslaagd was om met 130 kilometer per uur over de kop te slaan.

Heb je wel eens de uitdrukking

Zo maakt het geweten lafaards van ons allen

gehoord? Het is een citaat uit *Hamlet* dat in het Engels veel gebruikt wordt. Ik had er eigenlijk nooit bij stilgestaan wat het eigenlijk betekent. Het is verbazingwekkend dat we tot zoiets in staat zijn. *Bezint eer ge begint – Van uitstel komt afstel.* Die twee gezegden zijn eigenlijk volkomen met elkaar in strijd, maar toch gebruiken we ze allebei om ons handelen te rechtvaardigen.

Ik zei dat ik er trots op was dat ik de moed had om me over mijn angst heen te zetten en dat wás ook moedig van me. Maar tegelijkertijd voelde ik me nog steeds een lafaard, omdat ik niet het lef had gehad om te doen wat mijn hart me ingaf en de trein te nemen. Dat ongeluk maakte me duidelijk dat ik de verkeerde beslissing had genomen. Het was belachelijk dat ik bereid was mijn leven te wagen om een paar shilling uit te sparen. Het kostte me minder moed om de nachtmerrie opnieuw onder ogen te zien dan om toe te geven dat ik bang was en daarmee het risico te lopen dat mijn collega zich voor schut gezet zou voelen en boos op me zou worden. Ik voelde me een lafaard, maar kwam dat nou alleen omdat ik er niet voor uit wilde komen dat ik bang was of ook omdat ik mijn collega niet voor schut wilde zetten? Wie zal het zeggen? Het enige wat ik je kan vertellen is dat ik tijdens een soortgelijk voorval een paar jaar later in Parijs er helemaal geen been in zag om tegen de bestuurder, een vijftig jaar oud equivalent van Eugène, te zeggen: 'Ik sta doodsangsten uit en als je nou niet wat minder hard rijdt of mij laat rijden, wil ik nú uitstappen.'

Ik geneerde me niet voor mijn angst, omdat ik besefte dat hij roekeloos reed. Ik moet toegeven dat ik wel even bang was dat ik hem beledigd zou hebben, maar daar had ik me helemaal niet druk om hoeven maken, want in plaats van zich beledigd te voelen, bood hij zijn verontschuldigingen aan en minderde vaart, zodat het een plezierige rit werd in plaats van een nachtmerrie. Bij die gelegenheid verkeerde ik niet in tweestrijd. Ik denk dat bedachtzaamheid en de onwil om anderen te kwetsen of te beledigen wel eens de *indruk* van lafheid kunnen wekken, maar ik denk ook dat ik een verbeterde versie van de uitdrukking weet.

Zo maakt verwarring lafaards van ons allen

In het eerste voorbeeld had ik zelf de zaken niet duidelijk op een rijtje. Om een collega met wie ik goed kon opschieten niet voor het hoofd te stoten stelde ik mijn eigen leven in de waagschaal. Dat was bespottelijk. Gelukkig had ik bij dat voorval van een paar jaar later mijn lesje geleerd. Toen was mijn verwarring verdwenen.

Nu zul je je misschien afvragen wat dit allemaal met vliegangst te maken heeft. Het zou zelfs best kunnen dat je nu denkt dat ik je probeer duidelijk te maken dat als je denkt dat vliegen gevaarlijk is, je de moed dient op te brengen om dat feit onder ogen te zien en niet moet gaan vliegen. Als vliegen gevaarlijk zou zijn, zou ik je dat ook zonder enig voorbehoud laten weten.

Maar nee, ik probeer alleen je verwarring te laten verdwijnen. Mensen met vliegangst zijn in te delen in twee hoofdcategorieën.

1. Degenen die in weerwil van hun vliegangst toch de moed hebben weten op te brengen om wel eens te gaan vliegen.
2. Degenen die zich nooit over hun vliegangst hebben weten heen te zetten en die dus nooit hebben gevlogen.

Dit onderscheid is een misvatting. Als ik tot de eerste categorie behoor, kan ik tegen je zeggen: 'Ik heb tenminste het lef gehad om me over mijn angst heen te zetten.' Maar degenen van jullie die tot de tweede categorie behoren, kunnen daarop reageren met: 'Wat weet jij nou van vliegangst? Als je maar één tiende van mijn trauma's had, zou je je nog op geen tien kilometer afstand van een vliegveld wagen.'

Dit is het werkelijk verschrikkelijke deel van welke ziekte of handicap dan ook, of het nu om iets lichamelijks gaat of om iets geestelijks: het is zo'n eenzame ervaring. Jij bent de enige die werkelijk weet wat je moet doormaken. Het is waar dat twee mensen die allebei vliegangst hebben, of een andere kwaal, elkaar misschien wat kunnen troosten door er met elkaar over te praten, maar in mijn ervaring leveren dergelijke gesprekken meestal meer problemen op dan ze verhelpen. Ze ontaarden vaak in een soort tegen elkaar opbieden over wie het ergst lijdt en daardoor kan er misleidende en destructieve informatie worden uitgewisseld.

In het geval dat je je nog afvraagt wat er nu eigenlijk gebeurd is nadat Eugène ons met 130 kilometer per uur over de kop liet slaan, kan ik je tot mijn grote genoegen mededelen dat als door een wonder niemand van ons meer dan wat schrammen en builen had opgelopen. En ik kan daar met nog veel meer genoegen aan toevoegen dat ikzelf volkomen ongedeerd ben gebleven. Ik ben er echter wel van overtuigd dat deze gebeurtenis sterk heeft bijgedragen aan het ontstaan van mijn vliegangst.

In de loop van dit boek zal ik de nadruk blijven leggen op de tweestrijd en de verwarring die de oorzaak van dit probleem vormen. Ben ik een sukkel en een lafaard omdat ik weet dat vliegen veilig is maar toch niet de moed kan opbrengen om in een vliegtuig te stappen? Of, als ik die moed wél weet op te brengen, ben ik dan een idioot omdat ik mijn leven waag en mezelf blootstel aan iets wat een enorm traumatische ervaring kan worden?

Laten we onze aandacht eens richten op de werkelijke oorzaak van het probleem:

angst

7

Angst

Misschien ben je van mening dat we zijn geschapen door een god of de een of andere even machtige intelligentie, maar het kan ook zijn dat je denkt dat wij de bekroning vormen van drie miljard jaar natuurlijke selectie. Je kunt ook nog, net als ik, geloven dat evolutie door middel van natuurlijke selectie niet meer dan het middel is waarvan de intelligentie die ons heeft geschapen – wat die ook mag zijn – zich bedient om zijn schepping te vervolmaken. Maar wat je standpunt ook is, alleen een dwaas zou ontkennen dat een mens met een gezonde geest in een gezond lichaam het krachtigste en machtigste wezen op deze planeet is.

Of we dat nu leuk vinden of niet, we worden geleid door verschillende krachten die ervoor zorgen dat we overleven. Een van die krachten is de angst. De meeste mensen zien angst als een vorm van lafheid of zwakte, maar zonder hoogtevrees, angst voor vuur, angst voor verdrinking en angst om aangevallen te worden, zouden we niet kunnen overleven.

Bij mijn 'stoppen met roken'-cursussen heb ik rokers talloze malen horen zeggen dat ze 'last van zenuwen' hebben, alsof zenuwachtigheid een kwaal is. Als de deur onverwacht met een klap wordt dichtgeslagen, spring je een halve meter de lucht in. Dat is geen last van zenuwen hebben, dat is alert reageren. Kijk maar eens naar duiven die ergens aan het eten zijn. Ze lijken nergens op te letten, maar bij het minste of geringste onverwachte geluid vliegen ze allemaal tegelijk op. Dat geluid betekent 'KAT' en vogels die niet maken dat ze wegkomen, worden zelf opgegeten.

We beschouwen angst als een kwaad. We koesteren bewondering voor mensen die geen angst kennen. We hebben de zaak dus helemaal omgedraaid. Angst is onze bescherming. Het is een waarschuwingsbord waarop staat:

pas op: je leven is in gevaar!!!

Je kunt maar beter niet jaloers zijn op mensen die geen angst kennen. We hebben de neiging om geen angst hebben te verwarren met moed. Mijn woordenboek omschrijft moed als: 'het vermogen om gevaar onder ogen te zien en te verdragen'. Maar als je geen angst kent, hoe kun je dan als moedig worden beschouwd? Als je niet bang bent voor treinreizen, om maar wat te noemen, zou je het dan moedig van jezelf vinden dat je de trein had genomen? Natuurlijk niet.

Ik heb geen vliegangst meer en daarom beschouw ik mezelf niet als bijzonder moedig als ik weer eens het vliegtuig neem. Tijdens de periode waarin ik wél enige vliegangst had, was het echter tamelijk moedig van me als ik eens ging vliegen, en in de tijd dat ik heel erge vliegangst had, was het heel erg moedig van me om me in een vliegtuig te wagen.

Van soldaten en boksers wordt vaak gezegd dat ze geen angst kennen en we hebben de neiging om deze omschrijving als een soort compliment te beschouwen, maar eigenlijk is ze een beetje denigrerend. Als er gevaar wordt waargenomen, maakt het niet uit of er wérkelijk gevaar is of dat er alleen maar gevaar had kunnen zijn. Alle normale en gezonde schepselen zijn erop ingesteld om angst te voelen als ze zich van gevaar bewust worden. Als je per ongeluk in een spijker trapt of tegen een hete kachel leunt, kan de pijn die daarvan het gevolg is heel erg onaangenaam zijn, en net zoals je zou kunnen denken hoe leuk het zou zijn om geen angst te kennen, kun je op zo'n moment denken dat het heel fijn zou zijn om geen pijn te kunnen voelen.

Maar dat zou je mis hebben. Die pijn zorgt ervoor dat je niet op je voet blijft steunen, zodat de spijker niet nóg dieper in je voet gedreven wordt, of dat je wegspringt van die kachel om te voorkomen dat je zware brandwonden oploopt. Pijn is je bescherming. Er zijn echter mensen die geen pijn kunnen voelen. Ze zijn daardoor zwaar gehandicapt en hebben grote moeite om zich te handhaven. Omdat ze geen pijn voelen, blijven ze rustig op die hete kachel leunen en pas als ze de schroeilucht van hun eigen vlees opsnuiven of het bloed uit hun voet zien spuiten, dringt het tot hen door dat er iets mis is.

Zo is het ook met angst. Sommige mensen beschikken niet over voldoende verbeeldingskracht of intelligentie om gevaar te voorzien of het zelfs maar te onderkennen als het opspringt en hen in de neus bijt. Zulke mensen zijn even abnormaal en gehandicapt als de pijnlozen. Ze zijn niet te benijden. Integendeel zelfs: je kunt maar beter medelijden met hen hebben. Eugène kende geen angst. Zette hij zijn eigen leven en dat van zijn passagiers op het spel omdat hij moedig was of vanwege zijn gebrek aan verbeeldingskracht, intelligentie en gevoeligheid?

Moeten we bewondering hebben voor mensen die geen angst kennen? Nee. We dienen medelijden met hen te hebben, want maar al te vaak berooft hun gebrek aan verbeeldingskracht, intelligentie en gevoeligheid hen van het kostbaarste dat ze bezitten – hun eigen leven – of het zorgt ervoor dat ze de rest van hun leven zwaar verminkt en gehandicapt moeten doorbrengen.

Voor je vliegangst hoef je je dus zeker niet te schamen. Vliegangst is een volstrekt rationele en natuurlijke emotie en volgens mij is iedereen die beweert dat hij er nooit last van heeft gehad een domoor of een leugenaar.

Nu denk je misschien dat ik mezelf tegenspreek, want in hoofdstuk 4 heb ik nadrukkelijk verklaard dat vliegangst irrationeel is en nu beweer ik dat vliegangst een heel natuurlijke en rationele emotie is en dat iedereen die beweert er geen last van te hebben een leugenaar of een domoor is. Maar dat zeg ik niet. Wat ik wel zeg, is dat iedereen die beweert er nóóit last van te hebben gehad, een leugenaar of een domoor is.

Misschien vind je dat ik nu een beetje doordraaf. Per slot

van rekening zijn de algemeen als zodanig aanvaarde deskundigen het er met elkaar over eens dat slechts 20 procent van de passagiers in een vliegtuig last van vliegangst heeft. Ze zijn het er echter allemaal ook over eens dat het werkelijke percentage wel eens veel hoger zou kunnen liggen omdat lang niet iedereen voor zijn angst wil uitkomen.

De vragenlijst heeft hier wat meer duidelijkheid gebracht. Ik heb een oude vriend gevraagd of hij iemand met vliegangst kende. Ja, zei hij. Ikzelf. Zijn antwoord verbaasde me, deels omdat hij me niet het type leek om bang te zijn voor wat dan ook en deels omdat ik hem al veertig jaar kende, wist dat hij regelmatig vloog en toch nooit zelfs maar het flauwste vermoeden had gehad dat hij aan vliegangst leed.

De vragenlijst bracht aan het licht dat hij zich niet schaamde voor zijn vliegangst en zich er ook niet laf, dom of minderwaardig door voelde. Hij had echter wel het gevoel dat zijn angst irrationeel was. Ik heb hem gevraagd waarom hij dat gevoel had. Hij zei:

'Er zijn zoveel mensen die me vertellen dat ze zo'n prettige vlucht hebben gehad. Het is duidelijk dat de meeste mensen vliegen erg prettig vinden, dus er moet wel iets mis met me zijn!'

Het schoot me te binnen dat ik tijdens mijn periode van lichte vliegangst mijn vliegervaringen zeker niet als prettig had kunnen omschrijven. Toch zei ik vaak dat ik een goede vlucht had gehad. Was dat een leugen? Nee. Wat ik werkelijk bedoelde, was dat we geen vertraging en geen turbulentie hadden gehad, dat de stoelen prettig hadden gezeten, dat het eten en de bediening uitstekend waren geweest en dat mijn bagage deze keer nou eens niet als allerlaatste op de band was gezet.

Het is heel belangrijk om niet alleen naar de letterlijke betekenis van woorden te luisteren, maar ook naar de context waarin ze worden gebruikt. Iedere zware roker benijdt de roker die er zo nu en dan eens een opsteekt.

'O, als het zo uitkomt, rook ik een hele week niet. Daar heb ik helemaal geen last van.'

De zware roker gelooft dat en denkt:

Goh, kon ik dat ook maar: soms wél roken en soms niet, zonder dat het moeite kost!

Als de lichte roker had gezegd:

'Als het zo uitkomt, eet ik een hele week geen wortelen.'

zou je gedacht hebben:

Wat raar. Waarom zou hij zoiets in hemelsnaam zeggen?

De betekenis van zijn woorden is dat hij geen probleem met wortelen heeft. Het feit dat hij het nodig vindt om je dat te vertellen, wijst er echter op dat hij daar wél een probleem mee heeft. Waarom gaan rokers er prat op dat ze heel weinig roken? Toen ik verslaafd was aan golfen, pochte ik erover hoe vaak ik ging golfen en ik wilde dat ook steeds vaker gaan doen.

Gelegenheidsrokers gaan er prat op dat ze zo weinig roken omdat ze zouden willen dat ze helemaal niet rookten en als ze je vertellen dat ze een week zonder sigaret kunnen, staan ze in feite te pochen – en terecht, want ze hebben zichzelf een hele week in bedwang moeten houden. Wat ze je werkelijk vertellen, is dat ze met een rookprobleem zitten.

Ik schaamde me om ervoor uit te komen dat boksen me angst aanjoeg, dat ik bang was voor spinnen en dat ik vliegangst had. Ik twijfel er niet aan dat ik nog vele andere angsten heb gehad, waarvoor ik me te zeer schaamde om er openlijk voor uit te komen.

We zullen nooit weten hoe hoog het werkelijke percentage van de bevolking is dat ooit in zijn leven met vliegangst te kampen heeft gehad. Dat maakt niet uit. Wat ik absoluut zeker weet, is dat we medelijden dienen te hebben met iedereen die daar nooit last van heeft gehad.

Hoe kan ik verwachten dat jij, die dit boek alleen maar leest om van je vliegangst verlost te worden, medelijden kunt opbrengen met iemand die daar geen last van heeft? Omdat het voor ieder lichamelijk en geestelijk gezond mens heel normaal is om bang voor vliegen te zijn en omdat iedereen die dat nooit geweest is, een ernstig probleem heeft.

Als vliegangst een natuurlijke emotie is, hoe kan Allen Carrs methode, of welke andere methode dan ook, daar dan iets aan veranderen?

Omdat die angst, al is hij nog zo natuurlijk, toch irrationeel is. Het diepe gedeelte van een zwembad is angstaanjagend voor iemand die niet kan zwemmen. Zodra hij zwemmen heeft geleerd, wordt zijn angst echter irrationeel en verdwijnt daarom. Als je die zwemmer ergens midden in de Atlantische Oceaan in het water gooit, zou zijn angst echter weer volkomen rationeel zijn.

Heb je ooit gezien hoe een vogel zijn jongen aanmoedigt om aan hun eerste vlucht te beginnen? Niemand zal eraan twijfelen dat vliegen voor een vogel een natuurlijk instinct is, maar tegelijkertijd is het duidelijk dat zelfs vogels bang zijn voor die eerste vlucht.

Waar het hier om gaat, is echter niet of vliegen strookt met onze diepste gevoelens, maar of het veilig is, en we dienen te aanvaarden dat onze natuurlijke instincten ons vertellen dat het dat niet is.

Net zoals ik in mijn methode om rokers te helpen met stoppen geen tijd verspil door hun te vertellen wat ze al weten – de vele overtuigende redenen waarom ze niet zouden moeten roken – richt ik mijn aandacht op het werkelijke probleem: het elimineren van de redenen waarom ze toch willen roken. Wat we hier dienen te bereiken, is dus niet zozeer de wetenschap dat het veilig is om te vliegen, want dat weet je al. Het werkelijke probleem is hoe we de factoren kunnen elimineren die je doen geloven dat het niet veilig is.

Laten we nu maar eens in detail onder de loep nemen waarom

vliegangst aanvankelijk zowel natuurlijk als rationeel is.

8

Aanvankelijk is vliegangst zowel natuurlijk als rationeel

Toen ik bezig was met het opstellen van de vragenlijst, deed ik mijn best om bij geen van de vragen vooruit te lopen op het vermoedelijke antwoord. Ik merkte echter dat dat me niet lukte. Tot mijn verbazing had 67 procent van de mensen die de lijst invulden het gevoel dat vliegangst een fobie is. Een fobie kan worden gedefinieerd als een abnormale of irrationele angst.

Zoals ik al eerder heb beschreven, is angst geen echte vijand, maar een vriend. We hebben het over rationele en irrationele angsten gehad. Strikt genomen kan angst zelf nooit irrationeel zijn. Angst is een waarschuwing voor naderend gevaar die ons in staat stelt het gevaar te ontvluchten of onschadelijk te maken. Hij is een vriend en essentieel voor ons overleven. Zelfs als blijkt dat er geen echt gevaar was, is angst nog steeds rationeel.

Laten we eens een eenvoudig voorbeeld nemen. Als een gevangengenomen gorillamannetje zichzelf voor het eerst in de spiegel ziet, denkt hij dat hij oog in oog staat met een rivaal en vertoont hij precies dezelfde angst en agressie die hij zou vertonen als hij plotseling tegenover een echte rivaal was komen te staan. Zijn gedrag is volstrekt rationeel. Als hij eenmaal aan de spiegel gewend geraakt is, komt hij erachter dat er geen reële bedreiging is. Als hij daarna nog op dezelfde manier zou reageren, zou zijn gedrag irrationeel zijn. Maar zo reageert hij niet. Wat ik hiermee wil zeggen, is dat angst niet meer is dan een rationele reactie op een werkelijke of denkbeeldige bedreiging. Zodra je weet dat de bedreiging ongegrond is, zal de angst automatisch verdwijnen.

Je zou nu kunnen zeggen:

'Ik wéét dat vliegen veilig is en ik heb zelfs al een paar keer gevlogen, maar ik ben nog steeds bang.'

Het feit dat je verscheidene vluchten hebt overleefd, bewijst niet dat vliegen veilig is. In feite kan zo'n ervaring zelfs een tegenovergesteld effect hebben. Sommige mensen met vliegangst komen tot de conclusie dat hun angst met elke vlucht erger wordt. Als je vliegangst hebt, dan komt dat doordat een deel van je hersenen vliegen nog steeds als riskant of onplezierig beschouwt. Laten we nog eens de factoren nagaan die me tot de overtuiging hebben gebracht dat alleen een domoor of leugenaar zal beweren nooit last van vliegangst te hebben gehad. Dit zal ik vooral, maar niet uitsluitend, illustreren met voorbeelden uit mijn eigen ervaring. Van sommige problemen die ik hierbij zal aansnijden, heb je misschien geen last, maar dat maakt niet uit. Je hoeft niet alles wat ik nu ga noemen te herkennen, maar je zult ongetwijfeld wel veel herkennen. Misschien ben je je ook wel bewust van problemen die hier niet genoemd zijn, maar waarmee je wel te kampen hebt.

Hoogtevrees. Na drie miljard jaar evolutie en natuurlijke selectie bevat het DNA van alle levende wezens voldoende natuurlijke en instinctieve angsten om zich te kunnen handhaven. Voor de meeste dieren is hoogtevrees een van de meest essentiële daarvan. Hoogtevrees zorgt ervoor dat jonge vogeltjes niet uit het nest vallen (de vogeltjes die er wel uitvallen zijn meestal door hun broertjes en zusjes uit het nest geduwd). Dit is ook de angst die ons heel voorzichtig maakt als we een ladder opklimmen, want we weten instinctief dat vallen van grote hoogte betekent dat we zwaargewond zullen raken of doodgaan. De toestellen van moderne luchtvaartmaatschappijen vliegen op een hoogte van tien kilometer. Dat is een aanzienlijke hoogte en het is dan ook heel natuurlijk dat we op die hoogte angst voelen, vooral als onze emoties ons vertellen dat mensen niet horen te vliegen. Voor vogels kan het geen kwaad, die worden met vleugels geboren en vele soorten wegen niet meer dan een paar ons, maar het gaat tegen onze natuurlijke aandriften in dat een groot stuk metaal dat een paar ton weegt en waarbij dan ook nog eens het aanzienlijke gewicht van de brandstof, passagiers, bemanningsleden en vracht moet worden opgeteld, de wetten van de zwaartekracht weet te trotseren. Als het de bedoeling was dat we zouden vliegen, dan had God ons wel vleugels gegeven.

Angst voor de dood. Stel dat de motoren zouden uitvallen. Ik kan me minstens twee situaties voor de geest halen waarbij mijn automotor gewoon uitviel terwijl ik onderweg was en dan heb ik het niet over al die keren dat hij niet wilde starten of ik zonder benzine was komen te zitten. In beide gevallen was er geen enkel gevaar en dus ook geen angst. In de lucht hoeft de motor echter maar één keer uit te vallen en dan ben je er geweest!

Claustrofobie. Het inwendige van een vliegtuig kan een wat benauwde indruk maken, vooral als het vol is. Het besef dat er naarmate je hoger komt steeds minder zuurstof is of dat de druk in de cabine plotseling kan wegvallen, kan het gevoel van claustrofobie nog veel erger maken. Ik heb nooit last gehad van claustrofobie, maar toen die deuren dichtgingen, had ik wel een gevoel dat ik interpreteerde als claustrofobie. Het was het gevoel dat ik in de val zat. De veiligheidsgordels, die mijn angst hadden moeten verlichten, leken die er alleen maar erger op te maken. Ik besefte nu dat ik niet weg kon, wat ik ook allemaal zou moeten doormaken. Ik zat net zo effectief in de val als wanneer ik met mijn voet in een berenklem was gestapt.

Er waren echter twee dingen waardoor ik het nog veel benauwder kreeg en ik weet niet welk daarvan het ergste was. Het eerste was dat je niet mocht roken tijdens het opstijgen en het landen – de twee delen van de vlucht die volgens mij het gevaarlijkst waren. In die tijd geloofde ik dat sigaretten de bron van mijn moed en zelfvertrouwen vormden en het was een dubbele slag om het zonder te moeten doen, juist nu ik die zo nodig had.

Destijds besefte ik natuurlijk nog niet dat roken helemaal geen bron van moed en zelfvertrouwen vormt, maar die juist ondermijnt. Als je zelf een roker bent, zul je dat waarschijnlijk moeilijk kunnen geloven, maar toch is het waar. Ik heb het nu echter wel lang genoeg over rokers gehad. Als je wilt weten waarom roken je moed en zelfvertrouwen in rook doet opgaan, moet je *Stoppen met roken* maar lezen.

De tweede grote angst was dat ik niet langer zelf het heft in handen had. Het was niet alleen zo dat mijn leven nu in handen lag van de een of andere roekeloze, stoer-besnorde piloot, maar het lag óók ook in de handen van een stel monteurs, ingenieurs en vluchtleiders.

Ironisch genoeg had zelfs de korte instructie vóór het opstijgen geen geruststellende uitwerking op me. Waarom stond de stewardess ons over zuurstofmaskers te vertellen? Het was duidelijk dat ze verwachtte dat de luchtdruk in de cabine snel zou gaan dalen en niet alleen dat, maar ze ging er zelfs van uit dat we zouden neerstorten! Waarom zou ze er anders zo de nadruk op leggen dat het belangrijk was om te weten waar de dichtstbijzijnde nooduitgang was? We zouden niet alleen neerstorten, maar nog in zee ook. Waarom zouden er anders reddingsvesten onder onze stoelen zitten?

Een andere angst is BRAND! Brand op de grond is al erg genoeg, maar hoe kan de brandweer je bereiken als je tien kilometer hoog in de lucht zit?

Mijn ergste angst was echter die voor slecht weer en turbulentie. Ik heb altijd al de pest gehad aan kermisattracties. De gedachte aan die afschuwelijke luchtzakken, waarbij de maag op tien kilometer hoogte blijft terwijl het vliegtuig en de rest van je lijf binnen enkele seconden naar 9700 meter dalen, was mijn ergste nachtmerrie.

Met uitzondering van de luchtzakken, die niet werkelijk bestaan, zijn alle hierboven beschreven angsten volstrekt natuurlijk en rationeel. Ze vormen een belangrijk onderdeel van ons emotionele repertoire. Naast onze aangeboren angsten zijn we vanaf onze geboorte ook nog eens aan een intensieve hersenspoeling blootgesteld geweest. Ik ben geboren in

1934. Mijn eerste ervaringen met vliegen dateren uit de Slag om Engeland, toen het leven van een piloot werd gemeten in weken. Goed, ze deden hun uiterste best om elkaar uit de lucht te schieten, maar ik kan toch niet zeggen dat ik er de indruk aan overhield dat vliegen de veiligste vorm van vervoer is. Tegenwoordig is het niet eens meer nodig om een toestel neer te schieten: terroristen en vliegtuigkapers zijn maar al te graag bereid om een bom in het toestel te plaatsen.

De commerciële burgerluchtvaart stond in die tijd nog in de kinderschoenen. Wat de precieze cijfers waren, kan ik je niet vertellen, maar ik beschouwde het negeren van de wetten van de zwaartekracht als een riskante bezigheid. In 1961 waagde de mens zich voor het eerst in de ruimte. Er hebben zich betrekkelijk weinig ongelukken voorgedaan, maar ik zou een maanreis nog steeds als een zeer riskant avontuur beschouwen en iemand die mij op de maan wil zien te krijgen zou me gillend en schreeuwend in een raket moeten duwen.

De meest destructieve en krachtigste vorm van hersenspoeling is echter afkomstig van de media. Die zorgen ervoor dat al onze natuurlijke angsten bovenmatig uitvergroot worden. Ze geven ons de indruk dat er elke dag wel ergens een vliegtuig neerstort, tegen een berg aan vliegt, tegen een ander vliegtuig botst, zonder brandstof komt te zitten en een noodlanding op de oceaan moet maken, gekaapt of opgeblazen wordt door terroristen, in de problemen raakt vanwege metaalmoeheid of een mechanisch defect, bestuurd blijkt te worden door een dronken, drugsverslaafde of gewoon een slecht opgeleide piloot, wordt onderhouden met ondeugdelijke reserveonderdelen, uit zijn koers raakt, in een orkaan terechtkomt, door de bliksem wordt getroffen of last krijgt van zware ijsafzetting aan de vleugels, zwermen vogels in de motoren krijgt, in stofstormen terechtkomt of wat dan ook.

Direct na de media komen de vele Hollywood-films over luchtrampen, waarvan altijd wordt verklaard dat ze gedeeltelijk gebaseerd zijn op ware gebeurtenissen. Je weet vast wel wat ik bedoel. De gezagvoerder heeft huwelijksproblemen en is niet werkelijk met zijn hoofd bij de vlucht. De co-piloot is een stiekeme drinker en sluipt voortdurend weg om snel even een slok uit zijn heupflesje te nemen. De hoofdstewardess is een nymfomane en heeft haar baan alleen maar gekregen omdat ze het met de leden van de examencommissie heeft gedaan. De vluchtleider is verslaafd aan drugs. Een van de passagiers is een terrorist en heeft een bom in zijn koffertje. Een andere passagier is acht maanden zwanger en heeft hevige weeën. Een derde passagier blijkt aan een uiterst besmettelijke ziekte te lijden en tenzij hij op tijd het juiste medicijn krijgt toegediend, zal de hele westerse wereld worden aangestoken. De plaats van bestemming gaat schuil in een dichte mist, evenals alle andere vliegvelden binnen een straal van duizend kilometer en volgens de instrumenten zit er een lek in een van de brandstoftanks. Op dat moment begeeft de eerste motor het, en een paar minuten later de tweede. Ten slotte blijkt dat het hele hydraulische systeem is bezweken en dat het landingsgestel daarom niet kan worden neergelaten.

Nu denk je ongetwijfeld dat ik overdrijf en dat is natuurlijk ook zo, maar dat geldt ook voor Hollywood. Waar het hier om gaat, is dat het allemaal maar al te goed voorstelbaar is. Praktisch iedere situatie die ik hier heb beschreven, heeft zich ooit wel eens werkelijk voorgedaan. Het maakt niet uit dat de kans dat dit allemaal tegelijk zou gebeuren één op een getal met zoveel nullen is dat dit boek niet lang genoeg zou zijn om ze allemaal te bevatten.

De waarheid is dat we allemaal door deze films worden beïnvloed. Terwijl we er in de beslotenheid van onze veilige huiskamers naar zitten te kijken, maken we in afgezwakte vorm dezelfde angst door die de bemanning en de passagiers op het tv-scherm moeten doormaken. Als de gezagvoerder uiteindelijk de wonderbaarlijke landing tot een goed einde weet te brengen, delen we in de opluchting en hebben we zin om hem, net als de passagiers in de film, toe te juichen.

Of ik nu probeer rokers te genezen of mensen die te veel eten, alcoholici, heroïneverslaafden of mensen met vliegangst, wat ik in al die gevallen werkelijk probeer te doen is het elimineren van angst. De cliënten die een van onze 'stoppen met roken'-cursussen volgen, komen binnen in verschillende stadia van paniek. Net als mensen met vliegangst komen ze daar niet graag voor uit, maar toch is het voor ons maar al te duidelijk. Een belangrijk deel van mijn methode bestaat eruit om hen zover te krijgen dat ze zich ontspannen en de beste manier om dat te bereiken is het gebruik van humor. Bij mensen met vliegangst hebben zelfs de grapjes eerder de neiging om het probleem te verergeren dan op te lossen.

Twee Ieren zitten in een vliegtuig naar Dublin. Piep. *'Als je nu uit de vensters rechts kijkt, zult je zien dat de stuurboordmotor niet langer functioneert. Er is echter geen reden tot ongerustheid. Dit toestel is een TriStar. Het heeft drie motoren en kan zelfs op één motor nog vliegen en veilig landen. Het verlies van motorvermogen betekent echter dat we dertig minuten later dan gepland onze bestemming zullen bereiken.'*

Dertig minuten later. Piep. *'Als je door de raampjes links kijkt, ziet je daar dat de bakboordmotor eveneens is uitgevallen. Zoals ik je daarnet al heb uitgelegd, is er geen enkele reden tot ongerustheid. Dit toestel kan ook op één motor volkomen veilig landen. We zullen nu echter niet dertig, maar zestig minuten later onze bestemming bereiken.'*

Zegt de ene Ier tegen de andere: 'Ik hoop dat de derde motor het niet ook nog begeeft, want dan zitten we de hele nacht in de lucht.'

Met mijn excuses aan de Ieren. Het enige wat ik ter verdediging kan aanvoeren, is dat deze grap me door een Ier is verteld. Toen ik hem hoorde, vond ik het een heel bemoedigende gedachte dat een TriStar in staat is om veilig te vliegen en te landen op niet meer dan één motor. Maar geloven deed ik het niet. Waarom zou een TriStar drie motoren hebben als hij ook met één toe kan? Deze grap lijkt ook te suggereren dat het mogelijk is dat twee motoren het binnen een half uur na elkaar zullen begeven.

Van alle grappen over vliegen die ik heb gehoord, is dit degene die de minste vliegangst opwekt. Een andere is die van de vlieginstructeur die een leerling in volle vaart op vijftig meter hoogte over het strand bij Brighton laat scheren.

Instructeur: 'Ik denk dat de helft van de mensen onder ons denkt dat we een ongeluk hebben gehad.'
Leerling: 'Ik denk dat de helft van de mensen hierboven net een ongelukje heeft gehad.'

De grap die mijn bangste vermoedens bevestigde, was die bak over de supergoedkope charter naar Florida.

We zaten in een ouwe Dakota. De kogelgaten uit de Tweede Wereldoorlog zaten nog in de romp. De piloot moest nog komen. Toen kwam er een mannetje aangelopen. Hij had een pet met hoge klep en goudgalon op en hij hield een witte wandelstok met twee rode banden eromheen in zijn hand. Hij droeg een donkere bril en werd naar het vliegtuig geleid door een blindengeleidehond.

'Is dat de piloot?'

'De beste die er is.'

'Maar hij is blind. Hoe weet hij dan wanneer hij moet opstijgen?'

'Hij heeft een heel scherp gehoor. Hij geeft gewoon vol gas, rijdt de startbaan op en zodra de passagiers zo hard beginnen te gillen dat hij hen boven het brullen van de motoren uit kan horen, weet hij dat het tijd is om op te stijgen.'

Het is misschien wat overdreven, maar de eerste vlucht die ik ooit geboekt heb, was een charter en deze mop heeft mijn angsten er bepaald niet minder op gemaakt.

Misschien wel de ergste overdrijvers zijn de angstige vliegtuigpassagiers zelf. Een typerend voorbeeld van media-overdrijving die door nerveuze passagiers werd bevestigd, is de volgende krantenkop:

Vliegtuig stort na wegvallen druk 7500 meter omlaag!

In werkelijkheid had de apparatuur die de cabine onder druk dient te houden, het begeven en waren de persluchtmaskers omlaaggezakt, precies zoals het hoorde. De passagiers konden goed ademen en hadden ook verder nergens last van. Nadat de gezagvoerder contact had opgenomen met de luchtverkeersleiding liet hij het vliegtuig snel maar beheerst dalen naar een hoogte van twee kilometer. Het sprak vanzelf dat de passagiers het voorval in hun verhalen flink aandikten. Dat zouden je en ik toch zeker ook gedaan hebben? De gezagvoerder werd beschreven als een held. Hij bleef er zo nadrukkelijk bescheiden onder dat het weer onbescheiden was.

'Ik heb precies zo gehandeld als ik geleerd had.'

Verder gaf hij echter een heel nauwkeurige beschrijving van het voorval. Het vliegtuig is helemaal niet omlaaggestort, en van paniek was geen sprake. Hij heeft het vliegtuig de hele tijd volledig in zijn macht gehad. Het was een zuivere routinekwestie. De media zijn echter niet geïnteresseerd in routinevluchten. Die hebben geen nieuwswaarde en als er geen nieuws is, dan moet je zelf nieuws zien te maken.

Op de vragenlijst gaf slechts 11 procent van de deelnemers toe dat ze zich schaamden voor hun vliegangst en niet meer dan 22 procent dat ze hun eigen vliegangst als een teken van lafheid beschouwden. Van de deelnemers beschouwde 56 procent hun vliegangst als irrationeel, maar slechts 35 procent zag die ook als iets doms; 44 procent was van mening dat ze inferieur waren aan mensen zonder vliegangst en 69 procent beschouwde vliegangst als een fobie.

Nu wil ik je vragen om dit hele hoofdstuk van het begin af aan nog eens door te lezen. De verschillende aangeboren angsten die bij vliegen de kop opsteken, zijn zowel reëel als van natuurlijke aard. De enorme hersenspoeling waaraan we zijn onderworpen door de media en Hollywood is ook maar al te werkelijk. Daar dient dan nog aan toegevoegd te worden dat we van vrienden, collega's en de maatschappij in het algemeen ook veel hersenspoeling, misvattingen en onjuiste informatie ontvangen. Zou je het niet met me eens zijn dat iedereen die nog nooit vliegangst heeft gehad óf een leugenaar óf een dwaas is?

Het is nergens voor nodig om je te schamen, of je dom of minderwaardig te voelen, en hoewel je wellicht nog steeds met onjuiste denkbeelden over vliegen zit, is je angst niet fobisch, maar volkomen gegrond. Als je ondanks je angst al eens eerder hebt gevlogen, heb je zeker geen reden om jezelf als laf te beschouwen. Als je nooit voldoende moed hebt weten te verzamelen om te gaan vliegen, of nadat je een keer hebt gevlogen nu niet meer in staat bent om die moed op te brengen, wil dat niet per se zeggen dat je minder moedig bent dan anderen. Het geeft alleen maar aan dat je gevoeliger bent of over meer verbeeldingskracht beschikt, zodat je angst ook groter is. Het zou ook kunnen betekenen dat je verlangen om te vliegen minder sterk is, of de noodzaak ertoe voor jou minder dringend, dan bij anderen het geval is. Het zou ook kunnen betekenen dat je inderdaad wat minder moedig bent. Daar valt geen zinnig woord over te zeggen.

Maar dat hoeven we ook helemaal niet te weten. Het doel van dit boek is niet om je moedig te maken, zodat je je over je angsten heen kunt zetten, of je technieken te verschaffen die je zullen helpen met je angsten om te gaan. Zelfs als ik daartoe in staat zou zijn, zou ik dat niet doen. Het is niet mijn bedoeling om je in staat te stellen de rest van je leven misselijk van angst en spanning van het ene land naar het andere te vliegen.

Het enige wat ik wil bereiken, is dat die angsten volledig verdwijnen, zodat je werkelijk van vliegen kunt genieten. De eerste instinctieve reactie van de gorilla die zichzelf in de spiegel zag, was volstrekt natuurlijk, maar dat geldt ook voor de verschillende angsten die met vliegen te maken hebben. De prachtige waarheid is echter dat de bedreiging die ze voor jou vormen, niet groter is dan die van de spiegel voor de gorilla. Nee, ik bedoel daar niet mee dat ik ga proberen om je iets wijs te maken of je ergens toe over te halen. De vliegtuigmaatschappijen zelf hebben allang geprobeerd je ervan te overtuigen dat vliegen volkomen veilig is en bij de meerderheid van de vliegtuigpassagiers is hun dat ook gelukt. Als je echter niet even goedgelovig bent als zij, zul je niet tevreden zijn tot je jezelf hebt kunnen overtuigen.

Ik heb al gezegd dat vliegen volkomen veilig is. Wil ik daarmee werkelijk beweren dat de vliegtuigindustrie inmiddels zo ver gevorderd is dat er geen ongeluken meer kunnen gebeuren? Nee, natuurlijk niet. Het enige wat ik zeg, is dat vliegen heden ten dage zo veilig is dat het, als je eenmaal de feiten kent, voor jou net zo irrationeel zou zijn om er nog bang voor te zijn als het voor de gorilla zou zijn om zich bedreigd te voelen als hij eenmaal doorheeft dat hij naar zijn eigen spiegelbeeld staat te kijken. Laten we eens een paar voorbeelden nemen.

Lig jij 's nachts wel eens wakker omdat je bang bent dat je zult worden doodgetrapt door een ezel? Natuurlijk niet. Toch gaan er ieder jaar meer mensen dood door een schop van een ezel dan als gevolg van een vliegtuigongeluk. Dat is een verrassend statistisch gegeven. Maar misschien denk je nu dat het wat misleidend is, omdat je helemaal niet van plan bent om je zo dicht in de buurt van een ezel te wagen dat het beest de kans krijgt om je een trap te geven, terwijl je wél wilt gaan vliegen.

Oké, dan nemen we een ander voorbeeld. Als je even je tuin in loopt, hebt je dan een gevoel van naderend onheil? Er komen jaarlijks meer mensen om het leven tijdens ongelukken in de tuin dan bij vliegtuigongelukken met een toestel van een commerciële vervoersmaatchappij.

Naast een wandelingetje in de tuin zou ik nog vele andere voorbeelden kunnen noemen. Je denkt nu vast dat ik dit voorbeeld aanvoer om je ervan te overtuigen dat vliegen veilig is, en dat kan ik je niet kwalijk nemen. Toch heb je het dan mis. Ik geef deze voorbeelden alleen maar om aan te tonen dat we, ook als er een ernstig ongeluk dreigt, toch nog rustig de tuin in kunnen lopen, zonder geteisterd te worden door angst en somberheid.

Ik wil hier ook volstrekt duidelijk maken dat dit werk en alle statistieken waaruit ik citeer, uitsluitend te maken hebben met normale zakenvluchten, toeristenvluchten en pleziervluchten die zijn vertrokken uit luchthavens in West-Europa, Noord-Amerika, Australië en Oceanië, inclusief retourvluchten vanuit ieder denkbaar punt op de wereld, zolang de retourvlucht maar met dezelfde luchtvaartmaatschappij gemaakt werd als de heenreis. In het vervolg zal ik naar dergelijke vluchten verwijzen als vluchten die vallen binnen

'de beperkingen'

Het is belangrijk dat je niet vergeet wat 'de beperkingen' zijn, omdat ik deze zinsnede regelmatig zal gebruiken. Een van de belangrijkste oorzaken van onze vliegangst is de enorme hersenspoeling door de media. Of we dat nu leuk vinden of niet, we worden voortdurend gemanipuleerd. De grote meerderheid van luchtrampen en bijna-ongelukken worden door de nieuwsmedia zwaar overdreven en op speculatieve en nodeloos dramatische wijze verslagen. Bovendien hebben verhalen daarover meestal te maken met vluchten die buiten 'de beperkingen' vallen.

Hollywood overdrijft schandalig en helaas gaat het in hun films meestal om vluchten die binnen 'de beperkingen' vallen. Hollywood-films zijn alleen maar verzinsels! Maar toch worden we er zowel bewust als onbewust door beïnvloed. We dienen de effecten van deze hersenspoeling te elimineren en ons op de harde feiten te richten.

'De beperkingen' hebben geen betrekking op helikopters, heteluchtballonnen, luchtschepen, militaire toestellen, eenmotorige toestellen, particuliere toestellen, zweefvliegtuigen of maatschappijen waarvan het hoofdkantoor buiten een van de bovengenoemde gebieden is gevestigd.

Wil dat zeggen dat het gevaarlijk is om in helikopters, heteluchtballonnen te vliegen, of met luchtvaartmaatschappijen die buiten 'de beperkingen' vallen? 'Gevaarlijk' is een relatief begrip. Het enige wat ik je kan vertellen is dat ik in de periode nadat ik van mijn afschuwelijke vliegangst verlost was, een helikoptervlucht boven Manhattan heb gemaakt en me daar toch wel wat angstig bij heb gevoeld, en een ballonvaart heb gemaakt boven Lake Tahoe die van het opstijgen tot de landing één groot genoegen was.

Voor de meesten van ons vormen helikoptervluchten en tochtjes met een heteluchtballon geen belangrijk deel van ons leven en de kwaliteit van ons bestaan zal er niet zwaar onder lijden als we daar geen zin in hebben. Het doel van dit boek is om soelaas te bieden aan mensen die ernstig in hun levensgenot worden belemmerd omdat ze te angstig zijn om gebruik te maken van de snelste, goedkoopste en veiligste methode van vervoer over betrekkelijk lange afstanden, of die daar nog wel de moed toe kunnen opbrengen, maar voor wie het een onprettige ervaring is, die varieert van hevige angst tot blinde paniek.

Nadat je hebt geleerd te genieten van vluchten die binnen 'de beperkingen' vallen, zou het heel goed kunnen dat je besluit een vlucht te boeken die daarbuiten valt, of eens een tochtje te maken met een helikopter of een heteluchtballon. Ik wil niet beweren dat alle locaties en de typen luchtvaartuig die buiten 'de beperkingen' vallen, per definitie onveilig zijn, maar dit boek is bedoeld voor lezers die in staat willen zijn om te genieten van vluchten binnen 'de beperkingen' en die ik er daarom van wil overtuigen dat dergelijke vluchten absoluut veilig zijn. Ik heb mijn onderzoek daarom tot dergelijke vluchten beperkt.

De derde instructie luidde: 'Begin in een opgewekte stemming.' Het dringt nu tot me door dat je enthousiasme door de inhoud van dit hoofdstuk aardig bekoeld geraakt kan zijn. Het is echter noodzakelijk om je bewust te maken van de oorzaken van je vliegangst en je ervan te doordringen dat die niet het gevolg is van tekortkomingen in je karakter.

De maatschappij heeft de neiging om rokers te beschouwen als zwakke, nogal dommige mensen met vieze en asociale gewoonten, die weinig rekening houden met hun omgeving. Omdat ik meer dan dertig jaar lang een kettingroker ben geweest, heb ik daar nooit echt van terug gehad. Pas toen ik aan mijn slavernij had weten te ontsnappen was ik in staat om rokers te zien zoals ze werkelijk zijn.

Over mijn vliegangst had ik soortgelijke gevoelens. Ik voelde me zwak, laf, irrationeel en dom en pas toen ik van mijn angst verlost was, begon ik in te zien hoe de zaken er werkelijk voor staan. Door mijn ervaringen met het roken had ik beter kunnen weten, maar ik moet bekennen dat ik heel verbaasd was toen ik erachter kwam dat een aantal van mijn vrienden en kennissen, die ik al jaren kende als fysiek en mentaal sterke, intelligente en succesvolle mensen, ook te kampen hadden met die vervloekte vliegangst. Uit de vragenlijst bleek al snel dat mensen met vliegangst geen halvegaren zonder ruggengraat waren. De grote meerderheid van hen bestond uit helder denkende en intelligente mensen.

Ik wil dat je vanaf nu alle negatieve gedachten van je afzet. Daaruit zou je kunnen opmaken dat mijn methode niet meer is dan een exercitie in positief denken, maar dat is niet het geval. Ik ben al mijn hele leven van nature een positief denker, maar dat stelde me niet in staat om me over mijn vliegangst heen te zetten. Zelfs toen ik de precieze redenen voor mijn angst begreep, was ik daar nog niet van verlost. Ik wist die pas kwijt te raken toen het tot me doordrong waarom die redenen ongegrond waren.

Ik neem aan dat de kenmerkendste vorm van positief denken de traditionele peptalk is die een Amerikaanse coach houdt tegen zijn footballteam vlak voordat er een belangrijke wedstrijd begint.

'Mannen, we gaan eropaf en we stampen ze helemaal aan gort! We maken ze kapot want wij zijn de besten!'

Als ik daarbij was, zou ik denken:

Denkt die vent soms dat ik achterlijk ben? De andere coach zegt nu precies hetzelfde tegen zijn team, maar toch móét er een verliezer zijn!

Volgens mij is zo'n praatje geen voorbeeld van positief denken maar van dom denken. Een echt overtuigend stukje peptalk zou naar mijn idee ongeveer zó klinken:

'Mannen, we hebben een analyse van hun verdediging gemaakt en een paar zwakke plekken gevonden. We hebben hun aanvalsstrategie onder de loep genomen, zodat we nu precies weten hoe ze hun punten scoren en hoe we daar iets tegen kunnen doen. We zijn net zo groot en sterk als zij, maar we hebben zo hard getraind dat we nu twee keer zo goed in vorm zijn. We hebben al onze strategieën uitgebreid geoefend, zodat ons team nu een goedgeoliede machine vormt. Verliezen is onmogelijk. Kom op, mannen! Veel plezier!'

Dat is nog eens écht positief denken. Het is niet alleen gebaseerd op hoop en vastberadenheid, maar op solide feiten. Je zou kunnen aanvoeren dat het andere team misschien wel dezelfde technieken heeft gebruikt en ons daarom te slim af zal zijn, en daar heb je volkomen gelijk in. Maar laat me even verdergaan met dit voorbeeld.

Laten we nu eens aannemen dat jouw team in alle opzichten beter is dan de tegenstander. Jouw team is sterker, groter, beter getraind, behendiger en intelligenter. Jouw aanvals- en verdedigingstactiek is beter en je quarterback, degene die bij American football de aanwijzingen geeft, is twee keer zo goed als die van de tegenpartij. Hoe kun je dan nog verliezen? Volgens mij is er in zo'n geval maar één manier om niet te winnen en dat is dat je niet vol zelfvertrouwen het veld op komt en niet in jezelf gelooft. Je hebt je zo laten overdonderen door de reputatie van de tegenpartij dat je toen je het veld op kwam al half in paniek was en het spel gewoon gewonnen hebt gegeven. Met andere woorden: je hebt verloren, niet omdat je niet in staat was om te winnen, maar vanwege je negatieve gedachten.

Dit is precies de situatie waarin je nu ook verkeert, maar:

er is geen tegenstander

Of liever gezegd, de tegenpartij bestaat uit niet meer dan een reeks aangeboren gevoelens en op misvattingen en illusies gebaseerde overtuigingen.

Dat is een feit

We gaan deze misvattingen nu een voor een vernietigen. Hoewel mijn methode méér is dan een exercitie in positief denken, is de volgende instructie toch van het allergrootste belang:

zorg dat je positief denkt

En dat is de vierde instructie. Zorg dat je opgewekt blijft. Vergeet niet dat je helemaal niets te verliezen en een wereld te winnen hebt. Je bent dus volkomen in het voordeel.

Laten we maar beginnen met de eerste mythe:

als het de bedoeling was dat we zouden vliegen,
hadden we wel vleugels gehad

9

Als het de bedoeling was dat we zouden vliegen, hadden we wel vleugels gehad

Het feit dat iets onnatuurlijk lijkt, wil niet zeggen dat we er niet met plezier en zonder angst aan kunnen deelnemen. We zijn niet geboren met wielen, ski's of een surfplank aan onze voeten. En trouwens ook zonder huizen, boten, treinen, televisie en telefoons. Anders dan de schildpad zijn we niet eens geboren met een huisje op onze rug en er is zeker niets natuurlijks aan de computer waar ik elke dag weer tegenaan zit te kijken, maar toch zou ik niet weten wat ik zónder zou moeten beginnen.

Een andere verrassing die de vragenlijst heeft opgeleverd, was dat treinen de minst angstaanjagende vorm van vervoer vormen. Maar toch zijn treinen bepaald geen natuurlijke manier van vervoer. We zijn niet geboren met wielen, maar we maken ze gewoon zelf en zonder dat ons dat grote angsten bezorgt, dus waarom zou het wel tot problemen leiden als we onze eigen vleugels maken, in de vorm van een vliegtuig?

Ik denk dat dat komt omdat auto's en treinen weliswaar niet natuurlijk zijn, maar niet lijken in te druisen tegen de natuurwetten. Van nature weten we dat er maar enkele soorten dieren zijn die kunnen vliegen en dat dat voornamelijk vogels zijn, ongelooflijk lichte dieren die met hun vleugels klapwieken. Het kan wel zijn dat Isaac Newton de eerste was die de wetten van de zwaartekracht heeft beschreven, maar al sinds mensenheugenis hebben alle andere levende wezens op deze planeet al heel snel geleerd dat wat omhooggaat, vroeg of laat ook weer hard naar beneden komt en des te zwaarder het dier en des te hoger het gaat, des te harder de klap.

Ik weet zeker dat dit de sleutel tot onze vliegangst vormt.

Al onze aangeboren gevoelens schreeuwen het uit dat het niet mogelijk is dat een groot stuk metaal van een paar ton met achthonderd kilometer per uur door de lucht schiet zonder met een enorme dreun neer te komen. Dat lijkt volkomen onnatuurlijk. Het druist in tegen de natuurwetten, in het bijzonder die van Newton, en iedereen die stom genoeg is om uit vrije wil in dat stuk metaal te gaan zitten, heeft het uitsluitend aan zichzelf te wijten als hij in paniek raakt.

De waarheid is echter dat een vliegtuig net als een zeilboot helemaal geen inbreuk maakt op de natuurwetten, maar er juist volledig mee in harmonie is. Voordat we eens kijken hoe het komt dat zo'n groot vliegtuig los van de grond komt en in de lucht weet te blijven, zullen we onze aandacht eerst eens op een zelfs nog groter probleem richten: hoe zorg je ervoor dat moderne racewagens en speedboten aan de grond blijven? Per slot van rekening zijn dat óók zware metalen voorwerpen.

Een modern passagiersvliegtuig stijgt op met een snelheid die rond de 230 kilometer per uur ligt. Bij een dergelijke snelheid hebben ook auto's de neiging om het luchtruim te kiezen. We hebben allemaal wel eens een foto gezien van een speedboot die door de lucht vliegt nadat de boeg te hoog boven het water uit is gekomen. Snelle auto's en boten zijn aerodynamisch zo vormgegeven dat ze juist níét opstijgen. Vele moderne auto's zijn uitgerust met spoilers die ervoor zorgen dat ze aan de grond blijven.

Als je op winderige dagen wel eens een hoed op hebt gehad, vooral een met een rand, al is het maar een kleine, weet je heel goed dat je die heel stevig op je hoofd moet drukken als je niet wilt dat hij afwaait, en dat je anders je hoofd moet buigen en naar de wind gekeerd moet houden. Als het een hoed met een brede rand is, dan wordt het probleem er alleen maar groter op. Een enkele windvlaag is voldoende om tijdens Ladies' Day op Royal Ascot een ravage te veroorzaken.

Nu gaat het er bij de hoedjes op Ascot vooral om dat ze er leuk uitzien, en het is jammer dat dat ze zo luchtwaardig maakt. Een modern vliegtuig is echter zodanig ontworpen dat het van dit volstrekt natuurlijke verschijnsel zo goed mogelijk gebruik maakt.

Sinds onheuglijke tijden zijn de mensen jaloers geweest op de vogels. Onze eerste pogingen om die te imiteren bestonden uit het maken van vleugels om daarmee vervolgens druk te klapwieken. Het behoeft geen commentaar dat die eerste pogingen mislukten, heel gevaarlijk waren en vaak tragisch afliepen. Het is moeilijk te geloven dat Orville en Wilbur Wright pas aan het begin van de twintigste eeuw hun eerste vlucht maakten. Aanvankelijk hebben we veel geleerd van de vogels. Onze kennis van de aerodynamica is sindsdien echter enorm gegroeid. Van onze immense hoeveelheid praktische ervaring hebben we veel geleerd en daarbij hebben we een goed gebruik gemaakt van de moderne communicatiemiddelen en computers.

Beschouw het enorme oppervlak van de vleugels van een modern passagiersvliegtuig eens als een soort hoed. De vleugels zijn opzettelijk zo gevormd dat een tegemoetkomende wind die voldoende snelheid heeft, ze zal optillen en, net zoals de rand van een hoed de hele hoed door de lucht laat zeilen, tillen de vleugels van een passagiersvliegtuig de rest van het toestel mee omhoog. Dat kan gewoon niet anders.

Maar een hoed die door de lucht vliegt, is hoogst instabiel en volkomen overgeleverd aan de nukken en grillen van de wind. Als de wind gaat liggen, stort de hoed neer, hoe breed de rand ook mag zijn. Dat is waar. Maar een vliegtuig heeft verschillende dingen vóór op een hoed. Ten eerste maakt het zijn eigen wind. Ik kan me nog herinneren dat ik toen ik begon te joggen in het begin altijd de richting koos waarbij ik tegen de wind in liep. Dat idee beviel me, want het betekende dat ik op de terugweg, als ik moe was, de wind in de rug zou hebben. Het verbaasde me dan ook dat de wind altijd honderdtachtig graden draaide op het moment dat ik weer koers naar huis zette. Typisch de wet van Murphy!

Voor degenen die de wet van Murphy niet kennen, dat is een ernstige fout want het is veruit de belangrijkste natuurwet: alles wat mis kan gaan, gáát ook mis. Neem de kansrekening. Als je een paar keer een munt opgooit, zal het aantal keren dat je kop gooit, vrijwel gelijk zijn aan het aantal keren dat je munt gooit. Als je op het resultaat een weddenschap hebt afgesloten, kun je er echter zeker van zijn dat hij altijd zal neerkomen op de kant waarop je niet hebt gewed. Dat is de wet van Murphy. Een ander voorbeeld is dat een boterham met jam die je uit handen laat vallen, altijd met de jam op de grond neerkomt en bovendien altijd net op het tapijt en nooit op de tegels. Er zijn mensen die hun hele leven hebben gewijd aan het laten vallen van boterhammen met jam, maar er is in de hele geschiedenis van de mensheid geen enkel geval bekend van een boterham die is neergekomen met de jam boven. De wet van Murphy is heel wat sterker dan de wetten van de statistiek.

Het heeft een hele tijd geduurd voordat het tot me doordrong dat je altijd luchtweerstand hebt, welke kant je ook op loopt, zodat je altijd de indruk zult krijgen dat je tegen de wind in loopt, zelfs als er helemaal geen wind staat. De straalmotoren duwen het vliegtuig vooruit. Des te hoger de voorwaartse snelheid, des te groter de luchtweerstand en als het toestel eenmaal een bepaalde snelheid heeft bereikt, die bepaald wordt door zijn gewicht en ontwerp, kan het niet anders dan opstijgen.

Wil ik dan zeggen dat een piloot bij het opstijgen gewoon net zolang gas geeft tot het vliegtuig opstijgt? Nee, dat zeg ik niet. Ik geef gewoon een beschrijving van het principe waarop het vliegen is gebaseerd. Het is geen wonder dat enkele honderden tonnen metaal zich kunnen losmaken van de grond en dan in de lucht weten te blijven. Het is een gevolg van een van de fundamentele natuurwetten en het vliegtuig kan niet anders. Het zou pas een wonder zijn als het niet opsteeg!

Het tweede punt waarop een vliegtuig in het voordeel is ten opzichte van een hoed is dat het niet alleen voor zijn eigen wind zorgt, maar ook nog eens volledig zelf bepaalt met welke snelheid die waait en vanuit welke richting. De wind, die ik van nu af aan voorwaartse snelheid zal noemen, daalt alleen maar als de piloot wil dat die daalt, en zal dan dalen in het door de piloot bepaalde tempo en op het door de piloot bepaalde tijdstip.

Dat kan allemaal wel zo wezen, maar een vliegtuig heeft toch zeker ook te kampen met de gewone wind, en hoe kun je het gewicht van een hoed nu vergelijken met dat van een paar honderd ton metaal?

De kracht van een moderne straalmotor is vele malen groter dan zelfs de allerzwaarste orkaan. Huizen en auto's zijn heel zwaar en erop ontworpen om op de begane grond te blijven. Maar toch heb je waarschijnlijk wel eens op de televisie gezien hoe ze door een wervelstorm worden opgetild alsof het luciferdoosjes zijn. Een vliegtuig merkt natuurlijk wel iets van de wind, ook als die een heel gewone snelheid heeft, maar de stuwkracht van zijn eigen motoren is zo groot dat die winden niet zoveel meer te betekenen hebben, en bovendien kan het vliegtuig zich erop instellen.

Het derde punt waarop een vliegtuig ten opzichte van een hoed in het voordeel is, is dat de hoed uitsluitend afhankelijk is van de wind om te kunnen vliegen en dus ook is overgeleverd aan de nukken en grillen daarvan. Bovendien is de hoed niet in staat om van vorm te veranderen. Dezelfde rand die hem de lucht in laat vliegen, kan hem ook laten neerstorten. Iedereen die wel eens een vlieger heeft opgelaten, kent dat wel. Je wacht tot er een windvlaag komt en hoop doet je hart opspringen terwijl de vlieger zes meter omhoogschiet. Een paar seconden later wordt die hoop de bodem in geslagen als je ziet hoe de vlieger naar beneden tuimelt. Ik weet zeker dat dergelijke ervaringen kunnen bijdragen aan onze vliegangst. Als een vlieger, die toch zo licht is en die erop gemaakt is om in de lucht te blijven, al zo makkelijk neerstort, wat heeft een vliegtuig van een paar honderd ton dan nog voor een kans?

Maar die vlieger heeft, jammer genoeg voor hem, te lijden van hetzelfde nadeel als de hoed. Hij kan niet van vorm veranderen. Wil ik daarmee dan beweren dat moderne straalvliegtuigen dat wél kunnen? Inderdaad, want dat kunnen ze ook. De veranderingen lijken misschien niet al te ingrijpend. Ze zijn zelfs zo beperkt dat vele passagiers ze niet eens opmerken, maar ze hoeven ook niet ingrijpend te zijn. De rand van een hoed kan best heel geschikt zijn om die te laten opstijgen, maar de rest van de hoed is zo gevormd dat die vlucht verder heel instabiel zal zijn.

Een dartpijltje heeft een vorm die volmaakt geschikt is om recht op zijn doel af te vliegen, maar als je de staart eraf haalt, zijn de gevolgen desastreus. De staart van een vliegtuig heeft dezelfde functie als de staart van een dartpijltje. Het is een van de belangrijkste stabilisatoren en zorgt ervoor dat het vliegtuig met de bovenkant boven in een rechte lijn vooruit blijft vliegen.

Anders dan de hoed is het vliegtuig speciaal ontworpen om te kunnen opstijgen en landen en tijdens de hele vlucht stabiel te blijven. Ik weet dat het wellicht moeilijk te geloven is dat een metalen voorwerp dat een paar honderd ton weegt, kan opstijgen en in de lucht weet te blijven. Ik heb nu een heel eenvoudige verklaring gegeven van de manier waarop en de redenen waarom dat gebeurt, maar eigenlijk hoeven we hier niet te bewijzen dat vliegtuigen kunnen vliegen. Dat wisten we al. Volgens recente schattingen zijn er elk ogenblik meer dan een half miljoen vliegtuigen in de lucht.

Om te begrijpen waarom moderne passagiersvliegtuigen zo veilig zijn, kan het echter helpen als we weten hoe en waarom ze in de lucht blijven. De werkelijke reden daarvoor is uitsluitend gelegen in hun ontwerp en hun vermogen om tijdens hun vlucht telkens hun vorm aan te passen. Het zal je niet verbazen dat we dit verschijnsel de besturing noemen.

Waarschijnlijk kan ik dit het beste aantonen door te beschrijven wat er gebeurt tijdens:

het opstijgen

10

Een kenmerkende start

In de slechte oude tijd had ik de gewoonte om elke vlucht in te delen in verschillende fasen van abjecte angst.

1. *Het opstijgen aan het begin van de heenreis*
2. *De landing aan het eind van de heenreis*
3. *Het opstijgen aan het begin van de terugreis*
4. *De landing aan het eind van de terugreis*

Waarom deed ik dat? Deels omdat onze samenleving me zo had gehersenspoeld dat ik dacht dat het opstijgen en het landen de gevaarlijkste onderdelen van de reis waren.

In de eerste versie van de vragenlijst stonden twee vragen die ik naderhand heb geschrapt:

1. *Bent je van mening dat vliegen de veiligste vorm van vervoer is?*
2. *Wat beschouwt je als het gevaarlijkste onderdeel van de vlucht?*

Ironisch genoeg was het antwoord op de eerste vraag altijd ja. Het antwoord op de tweede vraag was altijd óf het opstijgen óf de landing. Wat is daar zo ironisch aan? Beide antwoorden lijken juist, maar toch zijn ze met elkaar in strijd. Als vliegen veilig is, hoe kunnen starts en landingen dan als gevaarlijk worden omschreven? In feite is het de manier waarop vraag 2 is geformuleerd die de oorzaak van deze tegenstrijdigheid vormt. Starts en landingen zijn niet gevaarlijk en dat geldt ook voor alle andere stadia van de vlucht.

Omdat de betrekkelijk weinige ongelukken die zich voordoen plaatsvinden tijdens het opstijgen of het landen, krijgen onze hersenen ten onrechte de indruk dat deze manoeuvres gevaarlijk zijn. Ze zijn echter niet gevaarlijker dan het vertrekken of aankomen van een trein. De manier waarop vraag 2 is geformuleerd, wekt echter de indruk dat vliegen wel gevaarlijk is.

Zelfs nadat ik had geleerd met vliegen om te gaan, bleven mijn vrouw en ik elkaars hand vasthouden tijdens het opstijgen en het landen, en telkens als bleek dat een van die twee was voltooid zonder dat er een ramp was gebeurd, lachten we elkaar toe alsof we zojuist een lawine of orkaan overleefd hadden. Waarom deden we dat eigenlijk? Per slot van rekening vindt een dergelijk ritueel bij geen enkele andere vorm van vervoer plaats. Ik wéét waarom ik dat deed. Het kwam omdat ik werkelijk geloofde dat ik zojuist een heel riskante gebeurtenis had overleefd. Maar waarom deed Joyce dat ook terwijl ze toch beweert nooit vliegangst gehad te hebben?

Ook nu nog voeren we datzelfde ritueel uit. Ik kan niet voor Joyce spreken, maar ík doe het niet omdat ik bang ben voor het opstijgen of de landing, maar omdat het een leuke en charmante gewoonte is geworden die me eraan herinnert dat ik vroeger niet zachtjes haar hand vasthield, maar die zo stevig vastklemde dat ze bijna haar vingers brak. Joyce zegt dat de reden waarom ze geen vliegangst heeft, is dat als het dan toch onze tijd is, we dan in ieder geval met zijn tweeën zullen sterven. Ik vind dat een vleiende en troostende opmerking, maar het feit dat we zoiets niet doen als we samen de bus of de trein nemen, wil zeggen dat ze denkt dat de kans dat we zullen sterven tijdens het opstijgen of de landing heel wat groter is.

Nu zal ik uitleggen waarom de besturingsinstrumenten het opstijgen zo ongelooflijk veilig maken. Je bent veilig naar de startbaan getaxied. De motoren draaien; ze hebben net een onderhoudsbeurt gehad, net als de rest van het vliegtuig. De piloot geeft nog meer gas en gooit de remmen los, zodat het toestel over de startbaan begint te rijden. Je bereikt een snelheid waarbij je intuïtief beseft dat het toestel van de grond los zou moeten komen. Maar dat gebeurt niet. Je krijgt het gevoel dat er iets mis is en je begint er spijt van te krijgen dat de golfclubs zo nodig mee moesten en vraagt je af wanneer het vliegtuig het eind van de baan zal bereiken. Je merkt zelfs dat je je best doet om het vliegtuig met eigen handen op te tillen. Je krijgt het gevoel dat je alle inzittenden toe zou willen roepen:

Kom op! Als we ons allemaal concentreren, krijgen we dit ding wel van de grond!

Naar alle waarschijnlijkheid heeft je gevoel het bij het rechte eind. De piloot had kunnen opstijgen toen je dacht dat hij dat kon. Waarom heeft hij dat dan niet gedaan?

Omdat de piloot deze vlucht net zo graag wil overleven als jij.

De precieze snelheid waarbij de piloot de stuurknuppel naar achteren dient te trekken, is van tevoren bepaald. De luchtvaartmaatschappij weegt je bagage niet alleen om je wat meer geld te kunnen aftroggelen voor overgewicht. Ze weten precies hoeveel het toestel weegt zónder lading, maar ze moeten óók weten hoeveel passagiers en bemanningsleden er aan boord zijn en wat het gewicht van de lading en de brandstof is. Daaruit kan de exacte snelheid worden afgeleid die het vliegtuig dient te hebben om van de grond los te komen.

Het zou echter hoogst riskant zijn om ook werkelijk met die snelheid op te stijgen. Zelfs de kleinste misrekening of verandering in de windsnelheid, of een storing in een van de motoren op het ogenblik dat het vliegtuig van de grond loskomt, zou ervoor kunnen zorgen dat het terugvalt. Daarom laat de piloot het wel uit zijn hoofd om bij die snelheid op te stijgen. Net zoals bij alle andere aspecten van de moderne burgerluchtvaart is er een veiligheidsmarge ingebouwd. In het geval van de snelheid waarmee dient te worden opgestegen, is dat ongeveer 30 procent. Dus als de feitelijke opstijgsnelheid 230 kilometer per uur is, wil dat zeggen dat de piloot ook al had kunnen opstijgen met een snelheid van 170 kilometer per uur.

Hoe slaagt de piloot er dan in het toestel aan de grond te houden, terwijl de wetten van de aerodynamica voorschrijven dat het al bij een veel lagere snelheid van de grond los zou moeten komen?

Dit is het punt waarop de vormverandering van het toestel een rol begint te spelen. Zowel de vleugels als het staartstuk beschikken over bewegende delen die de roeren worden genoemd. Denk maar eens aan de bewegende hoed. Als de rand naar beneden is gericht is de kans dat die van je hoofd wordt getild heel wat kleiner dan als die schuin omhoogstaat. In dat laatste geval zullen zelfs een paar flinke spelden de hoed niet op zijn plaats houden.

Tijdens het eerste deel van het opstijgen gebruikt de piloot de roeren om het toestel aan de grond te houden, net als de spoilers van een racewagen. Als hij een snelheid heeft bereikt die zo hoog is dat hij weet dat niets het vliegtuig er nog van zal kunnen weerhouden om op te stijgen, zet hij de roeren gewoon in de tegenovergestelde stand en daarna moet het vliegtuig wel aan de natuurwetten gehoorzamen en als een steen uit een katapult de lucht in schieten.

Voordat het naar de startbaan taxiet, heeft het toestel een servicebeurt gehad en de piloot heeft de brede, effen startbaan helemaal voor zich alleen. Hij geeft gas tot het toestel de van tevoren vastgestelde opstijgsnelheid heeft bereikt en trekt dan de stuurknuppel naar achteren zodat het toestel wel móét opstijgen. Wat kan er in vredesnaam misgaan?

Ik weet zeker dat je heel wat dingen kunt bedenken en in de volgende hoofdstukken zullen we die verschillende mogelijkheden een voor een de revue laten passeren. Wellicht de grootste en meest algemene angst is die voor:

motorstoringen

11

Motorstoringen

Naar schatting heb ik in mijn leven ongeveer 800.000 kilometer autogereden en behalve de gelegenheden waarbij ik met een lege tank kwam te staan, kan ik me maar twee gelegenheden voor de geest halen waarbij de motor er tijdens het rijden mee opgehouden is. Dat is een gemiddelde van één op de 400.000 kilometer. Volgens mij is dat een groot compliment voor de betrouwbaarheid van de gemiddelde automotor, vooral als je bedenkt dat ik in mijn jonge jaren alleen maar oude bakken kon betalen en niet eens het geld had om die behoorlijk te laten onderhouden.

Ik denk echter dat dit de grondslag vormt van mijn vliegangst. In de lucht hoeft zoiets je maar één keer te gebeuren en het vliegtuig valt als een baksteen naar beneden. En dan ben je er geweest. Een moderne straalmotor zit heel wat minder ingewikkeld in elkaar dan de doorsnee automotor. Hij heeft minder bewegende delen en is daarom een stuk betrouwbaarder. Bovendien wordt hij na elke vlucht gereviseerd en geregeld buiten dienst gesteld voor een volledige onderhoudsbeurt. Als een van de monteurs, de boordwerktuigkundige of de piloot zelf ook maar het geringste vermoeden heeft dat er iets mis is met een van de motoren, zal men het vliegtuig niet laten opstijgen.

Het gemiddelde aantal motorpechgevallen van een moderne straalmotor die binnen 'de beperkingen' valt, is minder dan één op de anderhalf miljoen kilometer. De meeste piloten maken zoiets in hun hele carrière niet mee.

Hoe geruststellend deze statistieken ook mogen zijn, er zijn twee andere factoren die voor je veiligheid veel belangrijker zijn. De eerste daarvan is dat alle straalvliegtuigen ontworpen zijn om ook met maar één motor nog veilig te kunnen vliegen en landen. Zelfs als een straalvliegtuig over vier motoren beschikt, heeft het er niet meer dan één nodig om veilig te vliegen en te landen.

Om terug te komen op mijn vergelijking met een automotor: als ik twee motoren in mijn auto had, zou die slechts één op de miljard kilometer met motorpech langs de weg zijn komen te staan. Ik zou 700.000 jaar oud moeten worden om dat ook maar één keer mee te maken. Dat is langer dan het bestaan van het menselijk ras op deze planeet! Als je de eerste mens ter wereld was geweest en je zou het eeuwige leven hebben, dan had je van het moment van je geboorte tot nu toe voortdurend in een vliegtuig kunnen zitten zonder ooit maar mee te maken dat twee motoren tegelijkertijd zouden uitvallen. De kans dat zoiets gebeurt, is kleiner dan 1 op de 100.000 en om zoiets mee te maken zou je moeten leven tot je honderd miljard jaar oud bent. Dat is 100.000 keer zo lang als de tijd die de mens op deze planeet heeft doorgebracht. Omdat alle vliegtuigen die binnen 'de beperkingen' vallen minstens twee motoren hebben, denk ik dat je het wel met me eens zult zijn dat motorpech niet werkelijk iets is waarover je je druk hoeft te maken.

Maar stel nu eens dat een van de motoren uitvalt, net op het moment dat het vliegtuig van de grond loskomt? Zelfs als er zoiets gebeurt – en de kans daarop is kleiner dan één op de tien miljoen – heeft het toestel nog meer dan voldoende snelheid om veilig op te stijgen. Het vermogen van de resterende motor of motoren is heel goed in staat om het toestel in de lucht te houden. Maar, en dat is de tweede belangrijke factor: hoeveel een vliegtuig ook mag wegen, als de motoren uitvallen, valt het niet onmiddellijk als een steen naar beneden.

Denk maar eens aan een stuntman als Evel Knievel, die met zijn motorfiets over twintig dubbeldeksbussen tegelijk sprong. Een motorfiets krijgt voorwaartse snelheid dankzij de frictie tussen zijn banden en de grond. Dus op het moment dat de grond wegvalt, heeft dat hetzelfde effect als wanneer de motor afgezet zou worden. Een motorfiets en zijn berijder zijn allebei betrekkelijk zware voorwerpen die zijn ontworpen om op de grond te blijven, maar vallen ze in zo'n situatie onmiddellijk als een steen op de grond? Nee. Hun kinetische energie zorgt ervoor dat ze in de lucht blijven.

Toevallig was er vandaag net een bericht in het nieuws over een eenmotorig privévliegtuigje dat motorpech kreeg. Al zweefvliegend wist de piloot de zestig kilometer naar het dichtstbijzijnde vliegveld af te leggen. Het spreekt vanzelf dat in alle berichten de indruk werd gewekt dat hier sprake was van een wonderbaarlijke ontsnapping, maar dat was het niet. Vliegtuigen zijn ontworpen om te zweefvliegen. Zelfs de spaceshuttle vliegt na zijn terugkeer in de dampkring naar een veilige landing toe. Ook als alle vier de motoren van een groot modern verkeersvliegtuig tegelijkertijd zouden uitvallen, zou het toestel minstens driehonderd kilometer kunnen zweefvliegen en dan een volkomen veilige landing kunnen maken. Vliegtuigen vallen niet als een steen naar beneden, zelfs niet als de motoren plotseling alle vier uitvallen.

Als de instrumenten aangeven dat er iets mis is, of dat nou een mechanische storing is of iets anders, of als er tijdens de startprocedure – maar nog voordat het toestel van de grond komt – iets misgaat, zal de piloot de start afbreken. Maar is de startbaan wel lang genoeg om hem de gelegenheid te geven om dat op een veilige manier te doen? Het antwoord daarop is gewoon 'ja'. Net als bij alle andere aspecten van de moderne burgerluchtvaart is er voorzien in een ruime veiligheidsmarge.

Het zou misschien een goed idee zijn als je eens een bezoek brengt aan de internationale luchthaven die het dichtste bij je woonplaats ligt. De meeste luchthavens beschikken wel over een plek waar je rustig naar het landen en opstijgen van de vliegtuigen kunt kijken. Neem de kinderen mee en maak er een dagje uit van. Het ligt dan natuurlijk voor de hand om een mooie dag te kiezen, maar dat moet je juist niet doen. Kies een dag vol regen en wind, een dag dus waarop het weer zo slecht is dat je vermoedt dat vliegen wel eens riskant zou kunnen zijn. Kijk hoe het ene vliegtuig na het andere rustig en zonder drukte opstijgt en landt. Let er daarbij vooral goed op hoe klein het deel van de baan is dat zelfs de grootste toestellen werkelijk gebruiken. Na een paar uur wordt het allemaal heel gewoon en zelfs wat saai.

Maar er zijn een heleboel andere dingen die kunnen misgaan. Hoe zit het met de hydraulische systemen? Het landingsgestel en de rolroeren worden toch zeker bediend met behulp van hydrauliek? Wat gebeurt er als daarmee iets mis is? Je hebt weer eens te veel oorlogsfilms gezien. Natuurlijk worden al die dingen bediend met hydraulische systemen, maar net zoals bij de motoren is iedere functie die van invloed zou kunnen zijn op de veiligheid van het toestel in twee- of drievoud aangebracht, en soms zelfs in viervoud. Wat dat betreft zijn de hydraulische systemen een schoolvoorbeeld. De rolroeren worden bediend met behulp van drie afzonderlijke systemen, maar elk daarvan is op zich voldoende om alle roeren, kleppen en voorliggers ermee te bedienen. Zelfs als ze alle drie tegelijkertijd mankementen gaan vertonen, is er nog een noodsysteem dat het toestel kan gebruiken om veilig te vliegen en te landen.

Ik ben er zeker van dat er nog vele soortgelijke punten zijn waaraan je zou kunnen denken. Maak je maar niet druk. Als jíj eraan hebt gedacht, hebben de professionals dat heus niet over het hoofd gezien en elk systeem van vitaal belang is dubbel of zelfs driedubbel uitgevoerd. Maar:

wat gebeurt er als er een vleugel van het toestel valt?

12

Wat gebeurt er als er een vleugel van het toestel valt?

Naar alle waarschijnlijkheid ga je dan dood. Zoiets is echter nog nooit gebeurd en het zal vermoedelijk ook nooit gebeuren. We betreden nu het domein van de onwerkelijke fantasieën. Toch moet ik toegeven dat ik me dit vroeger ongerust heb afgevraagd. Ik denk dat dat kwam omdat ik de vleugels kon zien bewegen. Nee, ik heb het niet over de rolroeren, vleugelkleppen en voorliggers. Ik weet best dat het de bedoeling is dat die bewegen. Ik heb het nu over de vleugel zelf. Ik veronderstelde dat ik in een vliegtuig met vaste vleugels zat, maar toch kon ik die zien buigen. Ik had nooit beseft dat vleugels erop zijn ontworpen om buigzaam te zijn en dat dat een vitaal onderdeel van hun kracht vormt. Stel je eens een treurwilg in een storm voor. Zijn takken buigen mee met de wind en daarom breken ze niet, terwijl de stijvere takken van andere bomen wél afbreken.

Zoals alle andere factoren die van essentieel belang zijn bij het bouwen van een vliegtuig, worden de vleugels onderworpen aan spanningen die vele malen groter zijn dan de spanningen die ze tijdens werkelijke vluchten zouden kunnen doormaken. Je zorgen maken over een vleugel die losschiet met een snelheid van achthonderd kilometer per uur is hetzelfde als je zorgen maken dat je arm zal worden afgerukt door een windstoot met een snelheid van 160 kilometer per uur. Zoiets is gewoon niet mogelijk.

Ik heb al opgebiecht dat ik me ooit wel degelijk zorgen heb gemaakt over dergelijke dingen en meestal was dat tijdens een periode van iets wat me altijd met absolute angst vervulde, namelijk:

turbulentie

13

Turbulentie

Wat is turbulentie? Er is sprake van turbulentie als de luchtstromen buiten het toestel met elkaar in botsing komen en daardoor onvoorspelbaar worden. Turbulentie doet zich hoofdzakelijk voor als we kort na het opstijgen en voor het landen, of tijdens slecht weer, een wolkenbank binnenvliegen.

Het gevolg van turbulentie is dat de vlucht niet langer volkomen gelijkmatig verloopt. De bewegingen kunnen variëren van een lichte trilling tot een wild steigeren. Zwakke turbulentie is niet erger dan met een auto over kiezelstenen rijden. Gemiddelde turbulentie zou ik omschrijven als met een auto over kasseien rijden of op een paard in draf zitten en niet in het ritme kunnen komen. Op zijn allerergst zou ik het verschijnsel beschrijven als in een klein bootje op een woelige zee zitten.

Zo nu en dan doet zich turbulentie voor terwijl er letterlijk geen vuiltje aan de lucht is. Dergelijke turbulentie bij heldere lucht vond ik veel angstaanjagender dan turbulentie bij het vliegen door wolken of tijdens slecht weer. Dat kwam omdat ik dacht dat de trillingen niet werden veroorzaakt door luchtstromen maar doordat er iets mis was met het vliegtuig zelf.

Zoals bij de meeste aspecten van het vliegen het geval is, was het niet zozeer de turbulentie zelf waarover ik me zorgen maakte, als wel het idee dat we in gevaar verkeerden. Ik heb inmiddels meer dan tweehonderd vluchten achter de rug en ik geloof dat er bij elk van die vluchten wel een keertje lichte turbulentie is geweest, al was die soms zo licht dat het alleen maar te merken was aan de rimpelingen in mijn koffie.

Ik heb maar één keer zware turbulentie meegemaakt. Voor iemand als ik, die de kermis vreselijk vindt, was dat een zeer onprettige ervaring. Op dat ogenblik keek ik naar de vleugels, zag die op en neer gaan en geloofde dat we werkelijk iets gevaarlijks doormaakten. Ik garandeer je dat turbulentie voor een modern straalvliegtuig niet gevaarlijker is dan kasseien onder de banden van je auto. Het is misschien geen aangenaam gevoel, maar in de geschiedenis van de moderne burgerluchtvaart is er geen enkel ongeluk bekend dat werd veroorzaakt door turbulentie. Het is dan misschien niet prettig,

maar gevaarlijk is het niet!

Ik vind het onmogelijk om te analyseren in welke mate de hekel die ik toen aan turbulentie had, te maken had met het reële ongemak en hoeveel aan mijn eigen angst voor denkbeeldig gevaar. Het enige wat ik je kan zeggen is dat ik sinds ik mezelf van die angst heb weten te bevrijden, turbulentie niet hinderlijker vind dan over kasseien rijden.

Het is misschien ook nuttig voor jou om te weten dat moderne straalvliegtuigen zijn voorzien van een radar die niet alleen tot taak heeft om andere vliegtuigen en bergen te signaleren, maar ook om de piloot te helpen bij het ontwijken van slecht weer. Als een vliegtuig door de bliksem zou worden getroffen, zou dat het vliegtuig en de inzittenden trouwens geen kwaad doen. De radar merkt slecht weer echter op een afstand van meer dan zeshonderd kilometer al op en de piloot zal proberen slecht weer en turbulentie te ontwijken, niet omdat die ook maar enig gevaar voor het vliegtuig veroorzaken, maar omdat de bemanning bestaat uit toegewijde professionals die je een plezierige vlucht willen bezorgen.

Elke vlucht heeft een eigen vluchtplan en daarover zullen we het straks nog uitgebreid hebben. Een van de doelstellingen van dat plan is het ontwijken van slecht weer. Als de weerspatronen in de loop van de vlucht veranderen, zal de piloot contact opnemen met de luchtverkeersleiding om zijn vluchtplan te wijzigen en zo het slechte weer te ontwijken. Hij zal daarvoor echter alleen toestemming krijgen als dat veilig is.

In elk aspect van de luchtvaartindustrie geldt altijd:

veiligheid gaat vóór alles!

Je comfort is ook heel belangrijk, maar komt pas op de tweede plaats. Dat komt omdat wij de klanten zijn en er regelmatig onderzoek naar is gedaan. De uitslag van al die onderzoeken was dat de passagiers het er unaniem over eens zijn dat ze liever wat extra betalen dan hun veiligheid in de waagschaal te stellen. En dat geldt trouwens ook voor de bemanning.

Turbulentie bij helder weer is moeilijk op afstand waarneembaar. Gelukkig komt het niet veel voor en omdat er voortdurend gegevens worden uitgewisseld tussen het vliegtuig en de luchtverkeersleiding zal de turbulentie waarschijnlijk al door een ander vliegtuig zijn gemeld, zodat die ontweken kan worden.

Joyce en ik hebben gelukkig een vriendenkring die graag buiten de deur gaat eten met livemuziek erbij. Het grootste deel van de avond gedragen we ons als de al wat oudere mensen die we zijn en kijken we bedaagd toe hoe de jongeren zich vermaken, maar zo nu en dan wordt er een nummer uit onze jeugd gespeeld, zoiets als:

SHAKE, RATTLE AND ROLL of
THE HIPPY HIPPY SHAKE

Dan lukt het ons net zomin om te blijven zitten als een hoedje op Ascot erin slaagt om op het hoofd van zijn fraaie draagster te blijven staan. We zullen die jonkies wel eens even laten zien wat écht dansen is! We wervelen over de dansvloer en leggen onze arme oude botten daarmee een belasting op die zwaarder is dan we zelfs bij de hevigste turbulentie ooit te verduren zouden krijgen.

Het gevoel dat ik daarnet beschreef, is iets wat elke beginnende paardrijder wel kent. Dat stomme beest galoppeert nog niet eens, maar telkens als zijn lijf omhooggaat, gaat jouw achterwerk net omlaag en vice versa. Maar wat kan het een heerlijke ervaring zijn om te leren hoe je tijdens de draf in het juiste ritme kunt blijven met je paard, of tijdens een woeste jive met je partner.

Met turbulentie is het precies zo. Als je je ertegen gaat verzetten, zul je je zeker niet op je gemak voelen, maar je kunt ook leren erop te rijden of ermee te dansen. Per slot van rekening is er geen gevaar. Het is *Shake, Rattle and Roll, The Hippy Hippy Shake* of welk ander nummer dan ook dat je in gedachten wilt nemen. Zolang je je veiligheidsriem maar om houdt, is het ergste wat je kan gebeuren dat je tijdens de turbulentie wat van je drankje morst.

Door zware turbulentie is de misvatting over luchtzakken ontstaan. Het idee dat er zoiets bestaat, is ontstaan in de tijd van de propellermotoren. Tijdens de vlucht zakt het toestel plotseling een paar meter. De voor de hand liggende verklaring is dat het in een vacuüm is beland, zodat de propellers nergens grip op kunnen krijgen om het vliegtuig in de lucht te houden.

Nu weten we al uit de vergelijking met Evel Knievel dat zelfs als er wél luchtweerstand is, het toestel nog niet als een baksteen naar beneden valt. In een vacuüm is de kans dat het zal vallen zelfs nog kleiner. Waarom zouden satellieten in de ruimte anders zonder vaart te minderen in een baan om de aarde blijven cirkelen, ook nadat de aandrijfraketten allang niet meer werken?

Wat er werkelijk gebeurt, is dat de turbulente luchtstromen het vliegtuig dwingen om snel te stijgen of te dalen. In feite schijnt de afstand die we in zo'n situatie dalen of stijgen veel groter ingeschat te worden dan die in werkelijkheid is. We hebben allemaal wel eens meegemaakt dat we dachten al op de onderste trede van een trap te staan en dat er toen nog een bleek te zijn. De afstand die onze voet dan onverwachts aflegt, is hooguit twintig centimeter, maar voor ons gevoel lijkt het op dat moment wel een meter. Zo gaat het ook bij turbulentie. Alles verliep soepel en gladjes en als het toestel dan ineens begint te schokken komt elke stoot onverwachts, en daarom lijkt die dan veel heviger dan hij werkelijk is. Zodra je hebt geleerd turbulentie te begrijpen en te verwachten is dat verrassingseffect verdwenen.

Luchtzakken kunnen niet langer dan een fractie van een seconde bestaan. Als het ergens bliksemt, ontstaat er een tijdelijk vacuüm. Donder is het geluid waarmee de lucht snel dat vacuüm binnenstroomt. Als je een zweep laat knallen, gebeurt hetzelfde. Het geluid van de knal is de lucht die snel het vacuüm opvult dat de snelbewegende zweep heeft achtergelaten. Als er om de een of andere meteorologische reden werkelijk een luchtzak zou ontstaan, zal die zich zo snel sluiten dat er een donderslag klinkt en zelfs als een verkeersvliegtuig er tijdens de één miljardste seconde dat zo'n vacuüm blijft bestaan net dwars doorheen zou vliegen, zou dat toestel nog geen millimeter van zijn koers afwijken.

We hoeven dus geen rekening te houden met motorpech, afbrekende vleugels, turbulentie en slecht weer. Maar zijn de meeste ongelukken niet te wijten aan:

menselijk falen?

14

Menselijk falen

Ik twijfel er niet aan dat een van de belangrijkste redenen waarom ik vliegangst ontwikkelde, was dat ik het toestel niet zelf bestuurde. Mijn lot lag letterlijk in handen van verscheidene andere mensen die allemaal volslagen vreemden voor me waren en één vergissing van één van hen was al voldoende om me mijn leven te kosten. Mijn ervaring met Eugène heeft ook niet geholpen. In een auto kun je in ieder geval nog zien waar je heen gaat en als het al te gek wordt, kun je altijd nog uitstappen.

Ik heb het idee dat het beeld dat ik van vliegers heb afkomstig is uit Hollywood. Een vlieger is een waaghals die geen angst kent en die goed in de gaten gehouden moet worden om te voorkomen dat hij loopings gaat maken. Douglas Bader, de held van de Slag om Engeland, verloor zijn beide benen, niet omdat hij werd neergeschoten door de vijand, maar omdat hij wilde laten zien hoe laag hij kon vliegen. Helaas hield hij daarbij geen veiligheidsmarge aan.

Nu ik weet wat het karakter, de kwaliteit en het professionalisme van de piloten uit de moderne burgerluchtvaart werkelijk zijn, krijg ik een blos op mijn wangen als ik tot mezelf laat doordringen hoe ongelooflijk arrogant en dom mijn twijfels waren. En dat terwijl ik toch beter had moeten weten.

Ik heb hierboven al even verteld dat ik me, toen ik in dienst ging, heb aangemeld voor de selectie voor de opleiding tot vlieger. In die tijd koos de overgrote meerderheid van de toplaag van de Engelse jeugd voor de RAF in plaats van voor het leger of de marine, en om voor dienst bij de RAF in aanmerking te komen, moest je je eerst kwalificeren als PO, dat wil zeggen Potentieel Officier.

Mijn algehele houding was: ik moet hier twee jaar van mijn leven verdoen, dus ik kan in die tijd maar beter iets nuttigs zien te leren, en vliegen is wel nuttig. Ze waarschuwden ons dat de maatstaven heel hoog lagen, maar daar was ik helemaal niet beducht voor. Per slot van rekening was ik aanvoerder van het rugby- en het cricketteam geweest en werd ik over het algemeen als redelijk intelligent beschouwd. En bovendien had de RAF ons zelf gevraagd om te solliciteren, dus ze zouden wel om vliegers verlegen zitten. Nou, als ze dat dan zo graag wilden, zou ik wel vlieger worden.

Voor de sollicitatiegesprekken moesten maar liefst vijfhonderd Potentiële Officieren een week in de RAF-kazerne bij Hendon doorbrengen. De procedure bestond uit twee delen. We waren een dag of twee kwijt aan een medisch onderzoek dat zo zwaar was dat ik hoop nooit meer iets dergelijks mee te maken. Je moet niet vergeten dat we allemaal jonge en gezonde jongens waren en dat we al een uiterst streng medisch onderzoek hadden moeten ondergaan om bij de RAF te mogen dienen. Nog geen 20 procent van de sollicitanten kwam door dit medisch onderzoek. Tot mijn genoegen was ik een van hen.

De rest van de week brachten we door met allerlei tests en oefeningen. Van de meer dan vijfhonderd sollicitanten van die week werd er geen enkele toegelaten tot de vliegersopleiding. Destijds was ik daarover nogal gepikeerd, omdat ze iemand over het hoofd hadden gezien die het waarschijnlijk in zich had om de beste vlieger te worden die ze ooit hadden gehad. Dat is vermoedelijk de reden waarom wat ik nu wil zeggen destijds niet tot me is doorgedrongen. Misschien dat je nu denkt dat ik de loftrompet over mezelf wil gaan steken en dat kan ik je niet kwalijk nemen, maar dat is niet mijn bedoeling. Wat ik met dit hele verhaal wil zeggen, is dat degene die jouw toestel bestuurt, zowel wat coördinatievermogen als reactiesnelheid en intelligentie betreft, tot

de crème de la crème

behoort. Voor het geval dat je bang bent dat de gezagvoerder een hartaanval zou kunnen krijgen, bedenk dan dat er naast hem of haar nóg zo'n ongelooflijk competent exemplaar zit: de tweede piloot. Die is tweede piloot omdat hij of zij nog niet over de jarenlange ervaring beschikt die vereist is om gezagvoerder te worden, maar dat wil niet zeggen dat hij of zij geen ervaren vlieger zou zijn, die uitstekend in staat is om het toestel zelfstandig te besturen en aan de grond te zetten. En in het zeer onwaarschijnlijke geval dat de tweede piloot ook een hartaanval zou krijgen, is er altijd nog de automatische piloot. Er hoeft maar iemand op een knop te drukken en het toestel zal geheel automatisch zijn vlucht vervolgen en veilig landen.

Probeer je eens in de luchtvaartmaatschappijen te verplaatsen. Toen ik bij de RAF zat, werd er altijd gezegd dat er voor iedere man in de lucht duizend toegewijde mensen op de grond nodig waren. Er wordt een ongelooflijke hoeveelheid geld in die mensen geïnvesteerd, ook in de piloot. Het vliegtuig zelf kost vele miljoenen euro's. Ze zullen zo'n enorme investering heus niet toevertrouwen aan het vliegende equivalent van Eugène of de een of andere roekeloze stuntman!

Zo nu en dan doen er geruchten de ronde over luchtvaartmaatschappijen die geld proberen uit te sparen door te bezuinigen op onderhoudsprocedures of door onderdelen van inferieure kwaliteit te gebruiken. Ik wil niet beweren dat zoiets nooit is voorgekomen, maar niet binnen 'de beperkingen'. De kosten die het verlies aan levens en apparatuur bij een luchtramp met zich mee zou brengen, zouden voor een luchtvaartmaatschappij in het niet vallen bij het verlies aan inkomsten als die luchtvaartmaatschappij de naam kreeg onveilig te zijn. Dat zou tot hun bankroet leiden.

De luchtvaartmaatschappijen nemen uitsluitend ervaren vliegers aan, die hun ervaring hebben opgedaan in militaire en/of civiele vliegtuigen en die daarna worden opgeleid voor het vliegen met één specifiek type vliegtuig. Een groot deel van deze oefeningen vindt plaats in een simulator en de instructeur zorgt ervoor dat alles wat mis kan gaan ook werkelijk misgaat, en altijd op het allerongelukkigste moment.

In het echte leven zijn noodsituaties heel zeldzaam, maar áls ze zich voordoen, lijken ze nogal gewoontjes vergeleken bij alle ervaringen die de piloten op de simulator hebben opgedaan.

De luchtvaartmaatschappijen en vooral de luchtvaartmaatschappijen die binnen 'de beperkingen' vallen, hebben het geluk dat vliegen net zoals acteren en bij de televisie werken veel mensen erg aanspreekt. Voor elke beschikbare topbaan zijn er letterlijk duizenden sollicitanten en dus zijn ze in staat om

de crème de la crème

te selecteren.

Ze kiezen geen waaghalzen. Veiligheid gaat vóór alles. Ze letten er goed op dat hun piloten zich niet alleen terdege bewust zijn van de veiligheid van hun passagiers, maar ook van hun eigen veiligheid en die van hun bemanning. Als je je al bang voelt bij die ene vlucht, bedenk je dan maar eens dat de piloot en de rest van de bemanning niet zo'n groot deel van hun leven in een vliegtuig zouden doorbrengen als ze niet wisten dat dat absoluut veilig was. Het zijn geen hersenloze idioten die niet weten wat angst is, maar zeer intelligente en alerte mensen die net zomin van plan zijn met hun eigen leven te spelen als met dat van jou.

Misschien heeft Hollywood je opgezadeld met de notie dat vliegen een zeer stressvol beroep is en dat vliegers daarom vaak hun toevlucht nemen tot alcohol en andere drugs om die stress af te reageren. Nee. Vliegen levert alleen stress op voor degenen die niet begrijpen hoe veilig het is. Vliegen is wél een uiterst verantwoordelijk beroep, maar dat is iets anders. Het selectieproces zorgt ervoor dat alleen degenen die tegen die verantwoordelijkheid zijn opgewassen, die ook te dragen krijgen.

Er is waarschijnlijk geen ander beroep waarvan de beoefenaren zo regelmatig een lichamelijk onderzoek en een psychologische test dienen te ondergaan. Er gelden strikte regels voor het gebruik van alcohol en andere middelen. Vliegers zijn zeer goedbetaalde en uiterst toegewijde professionals. Ze houden van hun beroep en zullen heus niet het risico nemen het kwijt te raken omwille van een avondje stappen. En zelfs als ze dat wel zouden doen, dan is er in de vliegwereld nog geen *omertà*, geen absolute zwijgplicht zoals de maffia die kent. Als je je bij de maffia niet aan de zwijgplicht houdt, loopt je leven gevaar. In de luchtvaartwereld is het precies het tegenovergestelde. Als je de stilte niet verbreekt, zet je je leven op het spel, en dat van je collega's en je passagiers.

Als een bemanningslid zich niet aan de regels houdt, zullen zijn collega's dat al snel opmerken. Merken ze dat niet op of laten ze na dat aan hun superieuren te melden, dan kunnen ze zelf óók hun baan kwijtraken. In de burgerluchtvaart gaat veiligheid vóór alles. En zo hoort het ook.

Twee vragen op de vragenlijst waren:

Heb je naast vliegangst in de regel ook last van:
- *Angst om auto te rijden?*
- *Angst om in een auto te zitten die wordt bestuurd door:*
  * *sommige andere mensen?*
  * *het maakt niet uit wie?*

Van de ondervraagden zei 89 procent ja op vraag 2. Slechts 11 procent was bang als ze zelf aan het stuur zaten, maar tot mijn verrassing vond 22 procent het helemaal niet eng om zich door iemand anders, het maakt niet uit wie, te laten rijden. Waarom verbaasde dat me? Omdat ik tijdens mijn gesprekken met mensen die last van vliegangst hadden, sterk de indruk had gekregen dat een belangrijk deel van het probleem was dat je in een vliegtuig zelf geen invloed hebt op de gang van zaken. Ik was er altijd van uitgegaan dat het feit dat ik het vliegtuig niet zelf in mijn macht had, de fundamentele oorzaak van mijn angst was en dat wilde zeggen dat ik niet zelf de vlieger was. Ik ben nu van mening dat dat gevoel niet voortkomt uit het besef dat ik niet werkelijk de piloot ben, maar uit het feit dat ik de hele situatie niet werkelijk begrijp.

Als je ooit naar het golfen op de televisie kijkt, heb je misschien wel eens een commentator horen zeggen:

'Al zou je leven ervan afhangen om deze putt te maken, dan zou je geen betere man kunnen vinden dan…'

Tijdens het vliegen hebben jij en de rest van passagiers het grote geluk dat je niet degene bent die het vliegtuig hoeft te besturen, dus probeer dat dan ook niet! Leun gewoon achterover en geniet van de vlucht. Je verkeert niet in gevaar en een van de redenen daarvoor is dat degene die het toestel bestuurt, het vliegende equivalent is van:

Tiger Woods

Goed, goed, ik geef toe dat de bemanningsleden niet hun halve leven tien kilometer boven de grond zouden doorbrengen als ze er niet van overtuigd waren dat dat veilig is, maar hoe zit het met de mecaniciens en de vluchtleider? Die stellen hun leven niet in de waagschaal.

Dat is waar, maar ook zij zijn toegewijde deskundigen. Juist omdat jouw leven in hun handen ligt, worden bij hun werving, selectie en supervisie dezelfde strenge maatstaven gehanteerd als bij die van piloten. Na elke vlucht wordt een toestel gereviseerd en bovendien worden alle toestellen regelmatig aan een zeer grondige inspectie onderworpen. Mecaniciens dienen te tekenen voor al het werk dat ze doen en dat geldt ook voor hun supervisor. Bovendien worden alle medewerkers die een functie van vitaal belang hebben, regelmatig gecontroleerd door de Civil Aviation Authority, die volledig onafhankelijk van de luchtvaartmaatschappijen is en niet van tevoren waarschuwt als ze ergens een inspectie houdt.

Verplaats je eens in de luchtverkeersleider of mecanicien.

Honderden levens zijn van jou afhankelijk, om nog maar te zwijgen van je eigen carrière en reputatie. Zou jij het risico nemen dat je dat vliegtuig laat vliegen, tenzij je er 100 procent zeker van bent dat het mechanisch in orde is, terwijl je zeker weet dat alle fouten die je zou kunnen maken zonder mankeren naar jou getraceerd zullen worden?

Ik wil best geloven dat ze heel goed zijn in hun werk, maar het zijn en blijven ook maar mensen en hoe toegewijd ze hun werk ook doen, ze kunnen zich best eens vergissen en zo'n vergissing kan mij het leven kosten.

Nee, dat is niet zo! De moderne burgerluchtvaart is wel eens beschreven als een zaak van bretels én een broekriem en hoewel dat leuk geformuleerd is, is het een understatement. Twee broekriemen en twee paar bretels komt al meer in de richting. Natuurlijk is vergissen menselijk, en neem maar van mij aan dat de luchtvaartmaatschappijen zich daar scherper bewust van zijn dan jij. Het is echter ook waar dat er in de betrekkelijk korte geschiedenis van de luchtvaart vele ongelukken zijn veroorzaakt door menselijk falen. De belangrijkste factor die de moderne burgerluchtvaart echter zo ongelooflijk veilig maakt, is dat er na elk ongeluk een uitgebreid onderzoek wordt ingesteld naar de precieze oorzaak daarvan. Of het ongeluk nu wordt toegeschreven aan menselijk falen, een mechanisch defect, sabotage of een ongelukkige samenloop van omstandigheden, in al die gevallen worden de veiligheidsprocedures zodanig aangescherpt dat ook als een dergelijke combinatie van gebeurtenissen zich in de toekomst nog eens voordoet, deze niet opnieuw tot een ongeluk zal leiden.

Een kenmerkend voorbeeld is dat er zich ooit een gelegenheid heeft voorgedaan waarbij zowel de gezagvoerder als de tweede piloot last kregen van voedselvergiftiging omdat ze allebei hetzelfde besmette gerecht hadden gegeten. Dit heeft niet tot een ongeluk geleid, maar het is tegenwoordig voor piloten verboden om allebei hetzelfde te eten.

Vliegers, boordwerktuigkundigen, mecaniciens en luchtverkeersleiders zijn allemaal mensen en maken inderdaad wel eens een vergissing. Dat is de reden waarom de procedures daar rekening mee houden, zodat een vergissing niet op een ramp hoeft uit te draaien.

Oké, je hebt me ervan overtuigd dat het vliegtuig niet naar beneden zal vallen, dat de vleugels niet zullen afbreken en dat slecht weer niet gevaarlijk is. Ik ben er nu ook van overtuigd dat de bemanning, de mecaniciens en de vluchtleiders gewetensvol en competent zijn en dat de procedures zodanig zijn opgesteld dat eventuele fouten worden opgevangen. Maar hoe zit het dan met al die bijna-ongelukken waarover ik telkens weer lees? Ik heb gehoord dat het inmiddels gevaarlijk druk is in de luchtcorridors en trouwens, als die vluchtleiders zo goed betaald worden en in alle rust hun werk kunnen doen, waarom zijn ze dan altijd aan het staken? De vleugels mogen er dan misschien niet afvallen, maar als we tegen een ander vliegtuig aanbotsen of tegen een berg vliegen, ben ik nog steeds hartstikke dood!

Daar heb ik niet van terug. Dat was precies hoe ik er ook over dacht en die houding heeft ongetwijfeld sterk bijgedragen aan mijn vliegangst. Laten we daarom onze aandacht maar eens richten op:

de luchtverkeersleiders

15

De luchtverkeersleiders

De media wekken de indruk dat luchtverkeersleiders voortdurend aan het staken zijn. Als ze staken omdat ze te hard moeten werken of omdat het in het luchtruim rondom de grote luchthavens gevaarlijk druk begint te worden, dan steun ik hen van harte. Alles wat vliegen nog veiliger maakt dan het al is, steun ik van harte.

We dienen die drukte in het luchtruim en de bijna-ongelukken echter wel in het juiste perspectief te zien. Vanaf het eerste ogenblik dat je toestel naar de startbaan taxiet tot aan het ogenblik waarop het tot stilstand komt op het vliegveld van zijn bestemming, wordt het gevolgd op de radar. Vanaf het moment dat het begint te taxiën wordt het ook door een aparte luchtverkeersleider in de gaten gehouden.

De hemel is geen grote open ruimte waar vliegtuigen op elke hoogte of in elke richting die ze maar willen, doorheen kunnen vliegen. Evenals het verkeer op de grond over wegen moet rijden, zo wordt het vliegverkeer door specifieke corridors geleid. Er is echter één heel belangrijk verschil. Op snelwegen kunnen auto's met hoge snelheid vlak naast elkaar rijden en als het een tweebaansweg is, komen zij regelmatig met snelheden van meer dan driehonderd kilometer per uur op elkaar afschieten. Elk vliegtuig beschikt echter over zijn eigen snelweg.

Een vliegtuig dat op een hoogte van tien kilometer vliegt, krijgt een route op die zodanig is dat het toestel dat er het dichtst boven of onder zit, minstens zeshonderd meter verticale afstand houdt. Het toestel dat horizontaal het dichtst bij is, moet minstens zestien kilometer afstand houden. Klinkt je dat gevaarlijk in de oren? Kun je je voorstellen hoe veilig het autorijden zou zijn als alle auto's minstens zestien kilometer afstand van elkaar hielden? De luchtverkeersleiding zorgt er niet alleen voor dat je niet in botsing komt met andere vliegtuigen, maar ook dat je niet tegen een berg of een ander obstakel vliegt.

Maar als dat zo is, hoe komt het dan dat er zo vaak een bijna-ongeluk gebeurt? Hoe komt het dan dat er zo nu en dan toch toestellen op elkaar botsen en hoe kunnen vliegtuigen dan tegen een berg aanvliegen?

Je dient de zaken wel in de juiste verhoudingen te blijven zien. We hebben de neiging om te denken dat er sprake is van een 'bijna-ongeluk' als twee vliegtuigen elkaar tot op enkele meters genaderd zijn. In werkelijkheid spreken we echter al van een 'bijna-ongeluk' als twee toestellen elkaar naderen tot onder de minimaal toegestane onderlinge afstand. Zoals bij alle andere aspecten van het vliegen het geval is, is er altijd een aanzienlijke veiligheidsmarge. De kans op een botsing midden in de lucht tussen twee toestellen die binnen 'de beperkingen' vallen, is kleiner dan één op enkele miljarden. Vliegtuigen komen wel eens met elkaar in botsing en vliegen ook wel eens tegen een berg aan, maar of het nu een militair of een privétoestel is, het komt zo weinig voor dat zo'n ongeluk overal ter wereld voorpaginanieuws is. Alleen dat laatste al bewijst weer eens dat vliegen uiterst veilig is, maar als je echter bedenkt dat áls zoiets al gebeurt, het altijd om een militair of privétoestel gaat, dan is toch wel afdoende bewezen dat de toestellen die binnen 'de beperkingen' vliegen, ongelooflijk veilig zijn.

Laten we dan nu onze aandacht eens richten op de andere gevaren die door de media over het algemeen nogal overdreven worden, te beginnen met:

kapingen en sabotageacties

16

Kapingen en sabotageacties

In de jaren zeventig en tachtig leek het wel of er elke dag ergens een vliegtuig gekaapt of opgeblazen werd. Ik denk niet dat het heeft geholpen toen de desbetreffende autoriteiten toegaven aan de eisen van de kapers. Net als bij alle andere veiligheidsaspecten van het vliegen heeft de civiele luchtvaart echter snel van zijn vergissingen geleerd. Saboteurs en kapers hebben de neiging zich op een 'makkelijk' doelwit te richten en dat zijn civiele vliegtuigen tegenwoordig allang niet meer.

Op alle vliegvelden binnen 'de beperkingen' worden zowel bagage als passagiers tegenwoordig grondig gecontroleerd. Sommige van die systemen zijn voor iedereen duidelijk zichtbaar en ik vond het een hele geruststelling toen de luchtvaartautoriteiten om voor de hand liggende redenen weigerden me daarover meer te vertellen.

Het belangrijkste aspect van vliegtuigkapingen en -sabotage is dat ze tegenwoordig zo weinig voorkomen. Het is hoogstonwaarschijnlijk dat een ramp zoals in München (1972) of in Lockerbie (1988) zich ook zou hebben voorgedaan met de huidige beveiligings- en bewakingssystemen.

Laten we onze aandacht nu richten op twee andere boemannen die mensen met vliegangst de stuipen op het lijf kunnen jagen:

brandstof en mist

17

Brandstof en mist

Het lijdt geen twijfel dat mist in de eerste jaren van de burgerluchtvaart een gevaar vormde. Mist kan nog steeds hinderlijk zijn, maar zelfs dat komt weinig voor. Er zijn drie redenen voor deze verbetering.

In Engeland is de Clean Air Act ingevoerd, de Wet op de schone lucht. Sinds het verbruik van bepaalde soorten brandstof in het Verenigd Koninkrijk is verboden, is die typisch Engelse smog met niet meer dan een paar meter zicht verleden tijd. In andere landen die binnen 'de beperkingen' vallen, zijn soortgelijke wetten van kracht.

De tweede reden is dat er zowel op het gebied van de weersvoorspellingen als op dat van de communicatiemiddelen enorme vooruitgang is geboekt. Als de weersomstandigheden opstijgen gevaarlijk kunnen maken, of dat nu het gevolg is van mist, ijs of wat dan ook, zal het toestel eenvoudigweg niet opstijgen. Als zich soortgelijke omstandigheden voordoen op de plek van bestemming van het toestel, zal het ook niet vertrekken.

Maar we weten allemaal heel goed dat weersvoorspellingen niet nauwkeurig kunnen zijn en deze vluchten kunnen urenlang duren. Wat gebeurt er als er in de loop van de vlucht een dichte mist komt te hangen boven het vliegveld op de plek van bestemming?

Voor elke vlucht wordt er geheel buiten de gezagvoerder en de bemanning om een vluchtplan opgesteld. In dat vluchtplan wordt rekening gehouden met de weersomstandigheden, waaronder de verwachte windrichting en -kracht, en op grond daarvan wordt de veiligste en meest comfortabele route aanbevolen. Het gewicht van de bagage, de inzittenden en de bemanningsleden wordt opgeteld bij het gewicht van het toestel zelf en op basis van dat sommetje wordt berekend hoeveel brandstof het toestel nodig zal hebben om zijn reis te voltooien. Bij die berekening zal ook rekening worden gehouden met het gewicht van de brandstof.

Evenals bij ieder ander aspect van de luchtveiligheid het geval is, worden er veiligheidsmarges gehanteerd. Als het toestel om welke reden dan ook niet veilig kan landen op de geplande bestemming dient het over voldoende brandstof te beschikken om veilig naar een andere, van tevoren vastgestelde luchthaven te vliegen en daar minstens dertig minuten rond te cirkelen. Om rekening te houden met alles wat er maar zou kunnen gebeuren, wordt er bij deze hoeveelheid brandstof dan nog wat opgeteld. De gezagvoerder zal het vluchtplan controleren en is bevoegd om daar alles in te veranderen wat hem niet verantwoord lijkt. Het is hem wettelijk niet toegestaan om op te stijgen met minder brandstof aan boord dan in het vluchtplan staat aangegeven, maar hij mag wel méér aan boord hebben.

De derde reden waarom mist niet langer een gevaar vormt, is dat vliegtuigen die binnen 'de beperkingen' vallen, over een automatische piloot beschikken en daarom zelfs als er absoluut geen zicht meer is volkomen veilig naar beneden geleid kunnen worden! Voor luchthavens die zijn voorzien van de apparatuur die dergelijke automatische landingen mogelijk maakt, vormt de mist alleen bij het taxiën nog een hindernis.

Toen ik als jongeman begon met autorijden kwam ik regelmatig zonder benzine te zitten. Dat kwam deels omdat ik me niet kon veroorloven meer dan tien liter tegelijk te tanken, maar ook omdat auto's in die tijd nog niet over geavanceerde waarschuwingssystemen beschikten. Ik weet dat ik nu de wet van Murphy over me afroep, maar de afgelopen twintig jaar ben ik geen enkele keer zonder komen te zitten.

Inmiddels zul je wel beseffen dat de veiligheidsprocedures het onmogelijk maken dat een modern toestel uit de burgerluchtvaart in de lucht ooit zonder brandstof zou kunnen komen te zitten. Zelfs als er een brandstoflek zou ontstaan, worden het brandstofverbruik en de hoeveelheid brandstof in de tanks voortdurend gecontroleerd en zodra het risico van brandstoftekort dreigt, zal het vliegtuig op de dichtstbijzijnde luchthaven landen om het lek te laten dichten en de benodigde extra brandstof te tanken.

Maar stel nou eens dat de tanks lek raken terwijl het toestel midden boven de Atlantische Oceaan zit?

Dit is weer zo'n populaire misvatting. Als je van Londen naar New York vliegt, lijkt het net of je bijna vijfduizend kilometer oceaan moet oversteken. Maar als je de kortste vliegroute opzoekt, zul je zien dat die via Noord-Europa en Canada loopt. Om de geluidsoverlast en milieubelasting tot een minimum te beperken, lijkt de vlucht grotendeels over water te gaan, maar in werkelijkheid ben je op geen enkel ogenblik ver van een luchthaven verwijderd. Ik ben er niet in geslaagd om binnen 'de beperkingen' ook maar één voorbeeld te vinden van een vliegtuig dat een noodlanding op zee heeft hoeven maken.

Maar al is vliegen dan nog zo'n natuurlijk proces, hoe kun je er in vredesnaam van genieten als je last hebt van:

hoogtevrees?

18

Hoogtevrees

Ik heb nog steeds last van hoogtevrees, maar ik heb geen vliegangst meer. Komt dat omdat ik zo ver van de raampjes zit als maar mogelijk is en mijn geest afsluit voor het feit dat ik tien kilometer boven de begane grond zit? Integendeel. Als het even kan, neem ik een raamplaats. Zelfs boven de wolken vind ik het uitzicht interessanter dan de binnenkant van het vliegtuig en met een plaatsje aan het raam kun je kiezen waar je naar kijkt.

Op een heldere dag is het een van de grootste geneugten van het vliegen dat je in staat bent om van grote hoogte neer te kijken op het landschap. We genieten allemaal van een weids uitzicht. Als je de Mount Everest beklimt, zie je de wereld van een hoogte van niet meer dan zeven kilometer en bovendien is het er steenkoud, ben je volkomen uitgeput van de zware klim en kun je nauwelijks adem krijgen vanwege de ijle lucht. Kun je je voorstellen hoe heerlijk het is om een reeks besneeuwde bergtoppen te bekijken vanaf een hoogte van tien kilometer terwijl je behaaglijk, ontspannen en veilig met een overhemd met korte mouwen aan in een leunstoel zit?

Maar nu spreek ik mezelf toch tegen? Als ik werkelijk hoogtevrees had, zou ik toch zeker niet van het uitzicht kunnen genieten? Dan zou ik toch doodsbang zijn?

Het antwoord op die netelige vragen is dat niemand hoogtevrees heeft. Waar we allemaal last van hebben, of zouden moeten hebben als we normaal zijn, is geen hoogtevrees maar de angst om van een grote hoogte naar beneden te vallen.

Ik zal je een voorbeeld geven. Het enorme Titicaca-meer biedt een heel mooie een serene aanblik. Als je naast het meer zou staan, zou je alleen aan de ijle lucht merken dat je je op grote hoogte bevindt. Toch zou je je dan op meer dan vier kilometer boven de zeespiegel bevinden, bijna net zo hoog als de top van de Mont Blanc.

Een ander voorbeeld is iets wat ik zelf heb meegemaakt. Als ik een hoog gebouw binnenliep en de lift nam naar, laten we zeggen, de dertigste verdieping, voelde ik me in de lift altijd een beetje zenuwachtig worden over de steeds groter wordende afstand naar de begane grond. Zodra ik echter uit de lift was gestapt, vormde dat geen enkel probleem meer en voelde ik me volkomen ontspannen. Als ik echter naar een raam toeliep en naar beneden keek, voelde ik mijn angst weer terugkeren en als ik op een balkon moest gaan staan, werd die angst nog erger.

Behalve het feit dat ik me in liften tegenwoordig niet langer slecht op mijn gemak voel, omdat ik weet dat een lift niet zomaar omlaag kan vallen, krijg ik nog steeds een raar gevoel in mijn buik als ik in een hoog gebouw bij een raam of op een balkon moet gaan staan. Daar maak ik me echter niet druk om. Ik ben me ervan bewust dat zoiets heel normaal is en deel uitmaakt van mijn zelfbeschermingsmechanisme. Ik zorg gewoon dat ik uit de buurt van de ramen blijf en als ik op een balkon moet gaan staan, blijf ik altijd zo dicht mogelijk bij de muur.

Ik kan zonder problemen op een ladder gaan staan, als ik me ervan heb overtuigd dat:

- de poten op een stevige ondergrond staan dan wel onder zo'n hoek dat de ladder niet kan wegglijden;
- de bovenkant eveneens tegen een stevig oppervlak staat, dat niet glad is, zodat de ladder niet kan wegglijden;
- de sporten van stevig materiaal zijn gemaakt en niet zullen breken;
- ik me met beide handen aan de stijlen kan vasthouden, zodat ik op elk ogenblik met minstens drie ledematen op de ladder steun.

Het is het aloude 'broekriem én bretels'-principe. Als ik me maar volkomen veilig voel, heb ik geen hoogtevrees. Als ik tegenwoordig in een vliegtuig zit, op welke hoogte dan ook, ben ik niet bang, want ik wéét dat ik me volkomen veilig voel.

Op grond van mijn eigen ervaring en mijn gesprekken met mensen die aan vliegangst hebben geleden, ben ik ervan overtuigd geraakt dat hoogtevrees niet werkelijk angst voor hoogte is, maar een angst om te vallen. Daaruit volgt dat vliegangst niet werkelijk angst is om te vliegen, maar de angst dat vliegen gevaarlijk is en dat die angst zal verdwijnen zodra je jezelf ervan hebt overtuigd dat vliegen niet gevaarlijk is.

Misschien wel de belangrijkste vraag op de vragenlijst was:

Denkt je dat je vliegangst zou verdwijnen als je van tevoren wist dat het toestel een veilige landing zou maken?

Ik had oprecht verwacht dat het antwoord unaniem bevestigend zou zijn, maar in werkelijkheid kruiste 22 procent van de respondenten 'nee' aan. Ik vond dat moeilijk te begrijpen. Ik zou er begrip voor kunnen hebben als vliegen zoiets zou zijn als een enge kermisattractie, maar tot mijn verbazing antwoordde slechts 78 procent dat ze het eng vonden om in een kermisattractie te zitten. Ik was ervan overtuigd geweest dat dat 100 procent zou zijn. Zelfs al wist ik dat er geen gevaar was, dan zou ik nog steeds angst voelen voor een ervaring waarbij mijn maag van de rest van mijn lichaam gescheiden wordt. Maar vliegen in een modern straalvliegtuig valt op geen enkele manier te vergelijken met een rondje in de spin of een ritje in de achtbaan. Zelfs tijdens de korte en niet vaak voorkomende perioden van turbulentie is het niet erger dan over kasseien rijden.

Daarom heb ik contact met ieder van die 22 procent opgenomen en hun gevraagd hoe het kwam dat ze zelfs nog vliegangst hadden als ze wisten dat ze veilig zouden landen. De meesten waren niet in staat om daar iets zinnigs over te zeggen, maar een van hen zei: 'Het is gewoon de gedachte aan die enorme afstand tussen de grond en mij.'

Daar kon ik wel inkomen. Dat is de reden waarom ik nog

steeds angst voel als ik op de rand van een balkon van een hoog gebouw sta. Maar toch voel ik geen angst als ik tien kilometer hoog in een straalvliegtuig zit. Ik denk dat het antwoord op het raadsel gelegen is in het tochtje met een heteluchtballon over de Carson Valley dat Joyce en ik hebben gemaakt in de Amerikaanse staat Nevada.

In die tijd was ik al over mijn vliegangst heen, maar voelde ik me nog steeds niet helemaal op mijn gemak als ik moest vliegen. Toen ik nog vliegangst had, zou niemand me ooit in een ballon gekregen hebben en ook nu nog zal ik echt niet in een achtbaanwagentje stappen. Zowel vóór als tijdens de ballonvaart voelde ik me op een plezierige manier opgewonden. Op een gegeven moment bereikten we een hoogte van 1700 meter en zette de piloot de brander uit. Ik had geen last van hoogtevrees en ook geen gevoel van gevaar. In feite was het een van de meest fantastische ogenblikken van mijn leven.

Waarom was ik niet bang om van 1700 meter hoog naar beneden te vallen, terwijl ik nog steeds bang ben om aan de rand van een balkon op tien meter hoog te gaan staan? Omdat de rand van de mand tot aan mijn borst kwam en ik die, net als op een ladder, met beide handen kon vasthouden, zodat er geen enkele manier was waarop ik ooit uit die mand zou kunnen vallen. Maar die mand hing wél 1700 meter boven de grond. Maar stel nu eens dat de ballon plotseling op de grond was gevallen… Nee, want het was absoluut onmogelijk dat die ballon ooit plotseling zou neerstorten. Hij zat vol hete lucht en de mand was er heel stevig aan vastgemaakt.

Ik had geen angstgevoel omdat ik wist dat er geen gevaar was. Op een balkon, waar de balustrade maar tot aan mijn middel komt, zou ik kunnen uitglijden en over de rand heen kunnen duikelen. Misschien heeft de architect het gewicht dat het balkon kan dragen wel verkeerd berekend. Of misschien heeft de aannemer die het heeft gebouwd, wel inferieure materialen gebruikt. Dus ik kan maar beter een eindje naar achteren gaan.

Laat ik het nog eens op een andere manier formuleren. De aarde draait elke 24 uur één keer om haar as en de omtrek van de aarde is iets meer dan 40.000 kilometer. Dus als ik op de aardbodem sta, heb ik een snelheid van meer dan 1500 kilometer per uur. Tegelijkertijd maken we in 365 dagen, ofwel 8760 uur, een complete cirkel om de zon, wat wil zeggen dat we in dat opzicht een snelheid van meer dan 100.000 kilometer per uur hebben.

Als je op een mooie zomerdag in je tuintje zit en langzaam heen en weer wiegt in je schommelstoel, ben je je er dan van bewust dat je met een vaart van meer dan 100.000 kilometer per uur door de ruimte schiet en tegelijkertijd rondtolt met meer dan 1500 kilometer per uur? Ben je je dan bewust van de ongelooflijke uitgestrektheid van de ruimte rondom de aarde? Nee, natuurlijk, maar als de aarde plotseling ophield met draaien, zodat je met een snelheid van meer dan 1500 kilometer per uur ervan af zou schieten, of als de aarde ineens niet langer om de zon zou draaien, zodat je er met maar liefst 100.000 kilometer per uur afgeschoten werd, reken maar dat je je er dan wel degelijk bewust van zou worden.

Waarom hebben we dan geen benul van deze ongelooflijke snelheden als we rustig in ons tuintje zitten? Omdat de tuin en de atmosfeer daarboven in dezelfde richting en met dezelfde snelheid meebewegen. In wezen bevinden we ons hier op dat wereldje van ons in een cocon en omdat we ons er geen zorgen over maken dat de aarde plotseling tot stilstand zal komen, zijn we niet bang. Zo voelde ik me ook tijdens dat tochtje met die ballon. Ik wist dat ik niet in gevaar verkeerde en daarom voelde ik geen angst. Ik zat in het eigen kleine wereldje van de ballonmand en dat was net zo goed als vaste grond onder de voeten hebben. Zonder hoogtevrees boden de weidse panorama's die zich onder mij ontvouwden een prachtige aanblik en de zacht wiegende bewegingen van de ballon, of die nu opwaarts, neerwaarts of zijwaarts gingen, leken op die van een schommelstoel.

Als je eenmaal van je vliegangst verlost bent, is een vlucht in een modern straalvliegtuig precies hetzelfde. Op een hoogte van tien kilometer is er geen gewaarwording van snelheid. Je zit in een klein en knus eigen wereldje waarin alles prettig en ontspannen gaat. Je zit in een gemakkelijke stoel, de temperatuur is zo ingesteld dat je je er behaaglijk bij voelt, en je ademt schone, frisse lucht in, die veel beter van kwaliteit is dan alles wat je buiten het vliegtuig in te ademen krijgt. Aantrekkelijke, opgewekte stewards en stewardessen lopen heen en weer over het gangpad om je een hapje en een drankje te serveren. Vliegtuigmaaltijden zijn tegenwoordig iets waarover veel geklaagd wordt, net zoals vroeger het geval was met 'stationskoffie', en ik moet toegeven dat dat een paar jaar geleden volkomen gerechtvaardigd was. De luchtvaartmaatschappijen zijn onderling echter in een hevige concurrentiestrijd verwikkeld en daarom zijn er de afgelopen jaren niet alleen grote vorderingen gemaakt op het gebied van wat iedereen het allerbelangrijkst vindt – veiligheid – maar ook op het eerste wat daarna komt: comfort en genoegen. Persoonlijk vind ik het eten aan boord van de meeste toestellen binnen 'de beperkingen' zowel voedzaam als smakelijk.

Ik kan begrijpen dat iemand denkt: zelfs al weet ik dat het vliegtuig veilig zal landen, kan ik me nog steeds niet over het angstige gevoel heen zetten dat er recht onder me een afgrond van tien kilometer gaapt. Zodra je eenmaal veilig in het kleine wereldje van de vliegtuigcabine zit, bevindt je je geen tien kilometer boven de grond maar óp de grond, en nog wel in een luie stoel. Als je vliegangst hebt, valt het moeilijk te geloven dat je het grootste deel van de vlucht nergens last van zult hebben en dat je in alle rust kunt eten, slapen of lezen.

De reden dat je niet bang bent dat de aarde plotseling zal ophouden met draaien, is dat de kans daarop zo klein is dat je je daar geen zorgen over hoeft te maken. Met vliegen binnen 'de beperkingen' is het precies hetzelfde. De kans dat er iets akeligs gebeurt, is zo klein dat je je daar helemaal niet druk over hoeft te maken!

Het kan zijn dat je zegt:

'Ja, dat weet ik ook wel, maar ik ben zo'n pechvogel dat die kans van één op een miljard net mij kan treffen!'

Dan ben je een ongelooflijk stom rund. Als je je er werkelijk druk over maakt dat dat ene vliegtuig waar jíj nu toevallig in zit, zal neerstorten, waarom maak je je er dan er nóóit bezorgd over dat een van al die duizenden vliegtuigen die de hele dag overkomen, neerstort en op je huis terechtkomt? Als je een vliegtuig hoort, duik je toch ook niet weg? Natuurlijk niet, want je weet best dat vliegtuigen niet zomaar uit de lucht vallen.

Daarnet heb ik al gezegd dat het nergens voor nodig is om moed op te brengen. Heb je soms moed nodig om in de trein te stappen? Bij de antwoorden op de vragenlijst bleek dat er maar één vorm van vervoer is waar niemand bang voor is en dat was treinreizen. Maar waarom eigenlijk? Omdat we een treinreis als iets volstrekt normaals en veiligs beschouwen.

Ik wil dat je positief denkt. Je leest dit boek omdat je weet dat de angst die je ervan weerhoudt in een vliegtuig te stappen of die dat zo'n afschuwelijke ervaring voor je maakt als je het tóch doet, bepaald geen lolletje is. Tegelijkertijd weet je ook best dat vliegen binnen 'de beperkingen' de veiligste methode van vervoer is en dat je angst nergens op gebaseerd is.

Ten eerste wil ik dat je aanvaardt dat de dood onafwendbaar is. Vroeg of laat zul je eraan moeten geloven. Zelfs als je je hele leven doorbrengt op tien kilometer hoogte, in vliegtuigen die binnen 'de beperkingen' vallen, is de kans dat je om het leven komt bij een vliegtuigongeluk kleiner dan één op een miljoen.

Dus hou nu op met jezelf te kwellen. Je vindt het niet leuk om aan vliegangst te lijden. Het geeft je het gevoel dat je irrationeel, onlogisch en onveilig bent. Het ligt binnen je macht om straks je eerste of volgende vlucht te maken en daarvan dan ook te genieten. Het leven dient ten volle geleefd te worden.

De vijfde instructie luidt:

grijp je kans!

Aanvaard dat je je eerste of volgende vlucht zult maken, of je dat nu leuk vindt of niet. Van nu af aan kunnen de tijd vóór de vlucht, de vlucht zelf en je leven daarna óf een kwelling voor je zijn, óf een aangename en veel voldoening schenkende ervaring.

Je denkt misschien dat dat van het noodlot afhangt, maar dat is niet zo: het hangt van jóú af. De pessimist ziet de fles als halfleeg en de optimist ziet hem als halfvol. Het zijn twee verschillende manieren om tegen één en dezelfde situatie aan te kijken. Maar als je bang bent om een vlucht te boeken die binnen 'de beperkingen' valt, zie je een volle fles voor een lege aan.

Dát is iets wat je zelf volledig in de hand hebt. Het staat vast dat het een interessante en veilige ervaring zal zijn. Je hebt de keus tussen het vooruitzicht van een opwindende en buitengewoon prettige ervaring of het vooruitzicht van een nachtmerrie, maar dat laatste zou een heel verwrongen beeld zijn van de werkelijke situatie. De keuze is aan jou. Hoe dan ook: die vlucht ga je maken. Wordt het een nachtmerrie of een mooie droom? Dat is een stomme vraag, want de zesde instructie luidt:

geniet ervan!

Sinds ik heb ontdekt hoe je moet stoppen met roken heb ik steeds beweerd dat het heel eenvoudig is om ieder probleem op te lossen dat niet meer dan geestelijk is, of het nou gaat om afvallen, verslaving aan alcohol of andere middelen, of het veranderen van wat dan ook in je leven dat je narigheid bezorgt. Het is eenvoudig, zolang je mijn instructies maar opvolgt. Het is makkelijk, maar je moet jezelf niet onderschatten. Alle wezens op deze planeet zijn van nature in staat om te zwemmen. Vanwege de hersenspoeling waar we vanaf onze geboorte aan worden onderworpen, zijn wij het enige wezen dat zwemles nodig heeft. Dat doet echter niets af aan de vreugde waarmee ieder mens voor het eerst in het diepe springt en zijn eerste baantje op eigen kracht voltooit… of leert fietsen, of zijn rijbewijs haalt.

Je staat op het punt iets geweldigs te bereiken. Geniet van het gevoel dat je binnenkort dit probleem waar je zoveel last van hebt gehad, voor eens en altijd gaat oplossen! Doe het nú! Alle instructies zijn belangrijk, maar de zesde is de prettigste.

Geniet ervan!

Ik weet natuurlijk best dat je misschien nog zo je bedenkingen koestert en dat ik me nog steeds niet heb beziggehouden met een paar factoren waardoor je vliegangst er juist groter op zouden kunnen worden. Wat ik je echter goed duidelijk wil maken is dat veel van deze andere gevoelens niet de oorzaak vormen van je vliegangst, maar daar alleen maar iets mee te maken lijken te hebben omdat we vliegangst hebben. Zodra we die vliegangst hebben geëlimineerd doen ze niet meer terzake. De ergste van die gevoelens is:

claustrofobie

19

Claustrofobie

Het woordenboek omschrijft claustrofobie als

ziekelijke vrees om in een afgesloten ruimte te vertoeven.

Zoals ik hierboven al heb opgemerkt, heeft mijn vrouw Joyce last van claustrofobie, maar ik niet. Integendeel zelfs. Als kind wekte het bij mijn ouders soms consternatie als ze 's ochtends mijn slaapkamer binnenkwamen en dan zagen dat ik met mijn voeten op het kussen lag, en met mijn hoofd diep onder de dekens aan het voeteneind van mijn bed.

Ik weet nog dat ik dat helemaal niet vervelend vond, maar ik kan me met de beste wil van de wereld niet meer herinneren waarom. Vermoedelijk was ik banger voor het donker en de spoken die ik daarin zou kunnen zien – en belangrijker nog, die mij zouden kunnen zien als ik met mijn hoofd op het kussen bleef liggen.

Pas toen ik met mijn onderzoek naar vliegangst begon, kwam het in me op dat Joyce' claustrofobie alleen maar de kop opstak als ze op het punt stond in een lift te stappen. Zelf heb ik nooit last gehad van claustrofobie maar ik heb wel liftangst gehad, of om wat nauwkeuriger te zijn, angst voor bepaalde liften. Bovendien voeren mensen die denken dat ze last hebben van claustrofobie meestal hun angst voor liften als voorbeeld aan.

De kast op de begane grond waar we onze jassen in ophangen, is de kleinste kamer in ons huis. Ik heb Joyce ooit gevraagd of ze wel eens last had van claustrofobie als ze daar was. Ze zei heel nadrukkelijk nee. Ik wees haar erop dat die kast maar half zo groot was als een liftkooi, dus waarom kreeg ze wel claustrofobie in de lift en niet in die kast?

We hebben het er uitvoerig over gehad en uiteindelijk kwam ze tot de conclusie dat de oorzaak van haar claustrofobie niet gelegen was in de kleine ruimte zelf, maar in een combinatie van drie factoren:

1. *In een lift heb je hoogtevrees, want de lift zou kunnen vallen.*
2. *In een lift kun je vast komen te zitten tussen twee verdiepingen, zonder dat je er zelf iets aan kunt doen. Dan zit je in de val.*
3. *Echte claustrofobie. Als de lift blijft steken, zit je in een kleine, benauwde ruimte. Als de lift luchtdicht van de buitenwereld is afgesloten, zou je zelfs kunnen stikken.*

Evenals vliegangst is claustrofobie kennelijk ingewikkelder dan op het eerste gezicht lijkt en is het meer dan een 'ziekelijke vrees om in een afgesloten ruimte te vertoeven'. In feite had de kleine ruimte zelf er in Joyce' geval niet veel mee te maken, en ik vermoed dat dat ook opgaat voor de grote meerderheid van de mensen die denken dat ze aan claustrofobie lijden.

Haar liftangst was in werkelijkheid een combinatie van drie angsten:

- *angst om van een grote hoogte te vallen*
- *angst om ergens vast te komen zitten*
- *angst voor verstikking*

Misschien zouden daar nog twee angsten aan toegevoegd kunnen worden, want als de lift blijft steken omdat de stroom is uitgevallen, wordt het donker en zou er ook brand kunnen zijn. Wie weet hoeveel elk van deze angsten bijdraagt aan een algehele angst voor liften? In mijn geval was het wel duidelijk: het was louter en alleen een angst dat de kabel waarmee de liftkooi aan het contragewicht is bevestigd, zou knappen en dat ik dan met lift en al op de grond zou smakken. Dat was iets waarover Joyce zich nooit druk heeft gemaakt. In haar geval was de liftangst een combinatie van de angst om ergens niet weg te kunnen en te stikken.

Ik wil ook beweren dat als je werkelijk reden hebt om te vrezen dat een van de bovenstaande gebeurtenissen zich zou kunnen voordoen als je in een lift stapt, je liftangst ziekelijk noch fobisch is. Integendeel zelfs, je angst is niet alleen normaal maar ook rationeel.

Dat ik niet langer bang ben in een lift wil niet zeggen dat ik in een lift hetzelfde gevoel van prettige opwinding krijg dat vliegen me bezorgt, maar dat komt omdat even de lift nemen iets heel alledaags is. Ik ben echter wel blij dat ik me als ik de lift neem alleen maar wat verveeld voel, en niet angstig. Eigenlijk is het enige wat ik tegenwoordig nog vervelend vind aan in de lift staan, de gênante manier waarop iedereen naar de deur staat te staren om elkaar maar niet te hoeven aankijken.

Waarom ben ik mijn liftangst kwijtgeraakt? Kwam dat omdat ik eindelijk eens wat ruggengraat toonde en positief ben gaan denken? Nee. Ik had liftangst omdat ik dacht dat de lift, als de kabel knapte, door de schacht naar beneden zou storten. Als het druk was, zocht ik onmiddellijk met mijn ogen naar dat plaatje waarop het maximale aantal passagiers stond aangegeven. Daarna telde ik snel hoeveel mensen er in de lift stonden en schatte het gewicht van elke afzonderlijke passagier. Met name in de Verenigde Staten was dat laatste een angstaanjagende gebeurtenis. Het lijkt wel of minstens de helft van de mensen daar wanstaltig dik is en het was altijd net de dikke helft die zich bij mij in de lift naar binnen wrong. Zou de fabrikant van de lift daar wel rekening mee hebben gehouden?

Ik werd verlost van mijn liftangst doordat ik erachter kwam dat zelfs als alle passagiers veel te dik waren en het mogelijk zou zijn om er drie keer zoveel als maximaal toegestaan in de lift te proppen, die nog steeds niet naar beneden zou vallen. Ik kwam te weten dat een liftkooi niet met maar één kabel aan het contragewicht is verbonden, maar met zes tot acht kabels, die allemaal even sterk zijn en elk afzonderlijk stevig genoeg om de lift te kunnen dragen, ook als die vol zit met het maximaal toegestane aantal passagiers. En zelfs als alle kabels tegelijkertijd breken, zijn de liften ook nog eens voorzien van een automatisch blokkeringssysteem.

Evenals de civiele luchtvaartindustrie maken de fabrikanten gebruik van het 'broekriem en bretels'-principe. Ik weet nu dat de lift niet kán vallen en dat de diepte van de liftkoker onder de lift helemaal niet terzake doet. En daarom hoef ik mezelf niet langer te kwellen met de gedachte daaraan. Ik bevind me in mijn eigen veilige wereldje.

Ik weet ook dat als de lift het tóch mocht begeven, er altijd ruim voldoende lucht zou zijn, zodat we niet zouden stikken, hoelang we ook zouden moeten wachten en zelfs als er veel te veel mensen in staan. Alle moderne liften zijn voorzien van een alarmknop en de overgrote meerderheid is ook uitgerust met een telefoon. In de verhoudingsgewijs zeer weinige gelegenheden waarbij een lift het inderdaad begeeft, laat redding over het algemeen niet meer dan een paar minuten op zich wachten.

Wees nou eens eerlijk. Heb je ooit gehoord van een geval waarin een lift naar beneden is gestort? Vraag het maar eens aan andere mensen en kijk of het je lukt om iemand te vinden die zelfs maar iemand kent die in een lift te pletter is geslagen. Zoiets kán niet. Maar waarom maken we ons er dan zo druk om? Omdat we allemaal wel eens een film hebben gezien waarin zoiets wél gebeurde. We zijn gehersenspoeld, en we dienen ons van die hersenspoeling te ontdoen.

Ik heb nu al een hele tijd betoogd dat een vliegtuig het allerveiligste vervoermiddel is dat er bestaat, maar eigenlijk is dat niet zo. Het is ongelooflijk veilig, vele malen veiliger dan auto's, bussen en zelfs treinen, maar het allerveiligste vervoermiddel is de lift. Het verbaasde me dat slechts 22 procent van de mensen die de vragenlijst hebben ingevuld, verklaarde dat ze last hadden van claustrofobie. Ik had gedacht dat het er wel meer zouden zijn. Van hen had 33 procent liftangst en ook dat verbaasde me, om dezelfde redenen.

Wat voor mij echter de grootste verrassing was die de vragenlijst heeft opgeleverd, was dat geen enkele respondent bang bleek te zijn voor treinreizen. Ik ben niet bang voor vliegreizen die binnen 'de beperkingen' vallen, maar ik moet bekennen dat ik me in de trein nog steeds niet helemaal op mijn gemak voel. Vliegen binnen 'de beperkingen' is veiliger dan met de trein gaan.

Slechts 11 procent van de respondenten was bang voor roltrappen. Liften zijn zelfs nog veiliger dan roltrappen. Niemand gaat dood van een ritje op een roltrap. Maar er doen zich heel wat meer ernstige ongelukken voor op een roltrap dan in een lift.

Als je liftangst hebt, kun je die beter eerst elimineren, want het is niet waarschijnlijk dat je je vliegangst zult kwijtraken als je nog last hebt van liftangst. Als je probeert iets tegen je liftangst te ondernemen, begin dan niet met een van die doorzichtige liften langs de gevel van een modern gebouw. Waarom niet? Zijn die dan niet net zo veilig als liften die gewoon binnen in een gebouw zitten? Ja, daar ben ik zeker van, maar vergeet niet dat hoogtevrees iets heel normaals is. Het is een natuurlijke reactie waar we ons overheen proberen te zetten. Het is net zoiets als op een hoog balkon staan.

Bekijk het eens als volgt. Stel je voor dat je in een gewone lift staat en dat een van je medepassagiers ineens zegt:

'Hé, we zijn al op de dertigste verdieping. Dat is negentig meter! Stel je eens voor wat er gebeurt als dit ding naar beneden valt!'

Daarmee zet hij de hersenspoeling waaraan Hollywood ons heeft onderworpen alleen maar nog meer kracht bij. Het is juist mijn doel om jou van die hersenspoeling te bevrijden. De lift kan niet vallen, maar zo'n man probeert ons ervan te overtuigen dat dat wel kan. Waar het om gaat, is dat iemand door zo'n opmerking te maken ons er weer aan herinnert hoe hoog we zitten. En dat is nu precies het effect dat die doorzichtige liften langs de gevel van een gebouw kunnen hebben. Ik kan er tegenwoordig wel in omhoog- en omlaaggaan, maar ik voel me er nog steeds niet prettig bij. De mensen die die dingen hebben ontworpen, zijn niet goed wijs. Als ik omhoogga in een lift, doe ik dat niet voor de lol. Als ik dat soort lol wil hebben, kan ik beter in een kermisattractie gaan zitten en ik heb een hekel aan kermissen. Als ik de lift neem, dan wil ik me veilig en ontspannen voelen en door me voortdurend pijnlijk bewust te maken van de hoogte waarop ik me bevind, hebben die stomme idioten precies het tegenovergestelde weten te bereiken van wat ze zouden moeten nastreven.

Ze duwen me naar de rand van het balkon!

Als jij aan liftangst lijdt, of je zelfs maar enigszins slecht op je gemak voelt als je met de lift gaat, dan wil ik dat je de lift neemt, en niet alleen dat, maar ik wil dat je in een lift stapt met een gevoel van plezierige opwinding en niet met een gevoel van angst en somberheid. Ik weet dat ik heb gezegd dat de lift nemen niets bijzonder spannends en opwindends heeft, maar voor jou kan het dat wél zijn. Alleen al het feit dat je de rest van je leven in staat zult zijn om gewoon zonder angst of ongemak de lift te nemen, is al voldoende beloning, maar je hebt er nog veel meer mee te winnen. Als we je eenmaal van je liftangst hebben verlost, weet je dat je ook in staat zult zijn om jezelf van je vliegangst te verlossen.

Wacht niet tot de volgende keer dat je weer de lift moet nemen. Ga naar een hotel, een kantoorgebouw of wat dan ook en neem de lift, gewoon om jezelf te laten zien dat je het kunt. Ga zo vaak op en neer als je maar wilt.

Grijp je kans!

En laten we nu nog eens

mijn eerste vlucht

onder de loep nemen.

20

Mijn eerste vlucht

Waarom was mijn eerste vlucht zo verschrikkelijk? Om precies dezelfde reden waarom mijn eerste ervaring met Eugène zo afschuwelijk was. In beide gevallen was ik ervan overtuigd dat mijn leven gevaar liep. En in het geval van Eugène

had ik groot gelijk!

Wat dat betreft is het enige waar ik spijt van heb dat ik niet de moed of het benul heb gehad om openlijk voor mijn angst uit te komen en met de trein te gaan. Maar misschien was ik ook wel te fijngevoelig om het hem recht in zijn gezicht te zeggen, of had ik daar niet voldoende zelfvertrouwen voor. Misschien was mijn angst om af te gaan in de ogen van mijn vrouw en mijn collega's groter dan mijn angst voor Eugènes manier van autorijden. Misschien had ik ook wel het gevoel dat de angst die Eugènes rijstijl bij me opriep, irrationeel was, net zoals dat het geval is bij de 56 procent van de mensen die op de vragenlijst hebben ingevuld dat ze hun vliegangst irrationeel vonden. Wie zal het zeggen?

Ik destijds in ieder geval niet en nu ik er veertig jaar later op terugkijk, heb ik daar niet veel aan toe te voegen. Zoals ik al heb opgemerkt: het probleem wordt veroorzaakt door verwarring en ik twijfel er niet aan dat al deze factoren daarbij een rol hebben gespeeld. Het enige wat ik nu kan vertellen, is dat ik, toen er zich een paar jaar later een soortgelijke episode voordeed, niet aan die verwarring ten prooi ben gevallen en dat ook niet zal laten gebeuren als ik in de toekomst ooit nóg eens in zo'n situatie verzeild raak. Dan zal ik dat wat het zwaarst is ook het zwaarst laten wegen en mijn leven en veiligheid op de eerste plaats zetten, zelfs als dat betekent dat ik de chauffeur daarmee beledig.

Mijn eerste vlucht was heel veel erger dan die ritjes met Eugène, maar in dat geval

had ik volkomen ongelijk!

Die keer was mijn verwarring zelfs nog groter omdat ik wist dat Eugènes manier van rijden gevaarlijk was en vliegen niet. Mijn gevoelens van lafheid en angst leken dus nog veel irrationeler. Waar het op neerkomt, is dat ik de feiten over het vliegen niet begreep.

Ik geloofde niet werkelijk dat het veilig was.

Dat wil dus zeggen dat ik laf noch irrationeel was. Als je gelooft dat vliegen gevaarlijk is, is het heel rationeel om bang te zijn.

Het is veelzeggend dat slechts 11 procent van de mensen die de vragenlijst hebben ingevuld het eng vond om zelf te rijden en dat niet meer dan 22 procent het altijd eng vond als er iemand anders aan het stuur zat, het maakte niet uit wie, terwijl 89 procent het alleen in bepaalde gevallen eng vond om in een auto te zitten met iemand anders aan het stuur.

Is dat niet de oplossing van het raadsel? Als we worden gereden door iemand als Eugène is de hele rit een nachtmerrie. En het is niet alleen Eugènes manier van rijden die je dwarszit, je bent tijdens zo'n rit bang dat alle andere bestuurders al net zo rijden als Eugène. Ik ben er zeker van dat de gevaarlijkste en meest voorkomende fout van de Eugènes van deze wereld het bumperkleven is. Je weet wel, met meer dan honderd kilometer per uur op de linkerrijbaan vlak achter de auto van Eugène 2 gaan hangen, omdat die weigert opzij te gaan. Het maakt niet uit dat er op de middelste en de rechterrijbaan geen auto te bekennen is, Eugène 2 houdt zich aan de maximumsnelheid en weet dat hij het gelijk aan zijn zijde heeft en dus kan Eugène 1 toeteren en met zijn lichten knipperen tot hij een ons weegt, maar Eugène 2 gaat niet opzij.

Wat is de werkelijke reden waarom Eugène 2 niet opzij gaat? Niet dat hij een bastion van de beschaving is en niet alleen zelf de wet niet wil overtreden, maar het bovendien als zijn plicht beschouwt om ervoor te zorgen dat Eugène 1 die ook niet overtreedt, maar dat hij al twee keer eerder een bon heeft gehad voor te hard rijden en zijn rijbewijs kwijtraakt als hij er nog een krijgt. Bovendien rijdt hij in het allermodernste turbo-racemonster en als hij niet net die bonnen had gehad, zou hij Eugène 1 wel eens even laten zien wie hier de snelste is.

Zó eenvoudig laat Eugène 1 zich echter niet op zijn kop zitten. Hij besluit te bewijzen dat hij zelfs nog stommer is dan Eugène 2 door rechts in te halen. Terwijl hij daarmee begint, zijn ze allebei zo druk bezig met toeteren, met de lichten knipperen, boos kijken, middelvingers opsteken en schreeuwen dat ze geen van beiden in de gaten hebben dat Eugène 3 eraan komt scheuren in zijn nog véél sneller superturbo-racemonster en net besloten heeft om maar rechts in te halen.

Als het regent, mist of ijzelt, zijn er altijd lange kettingbotsingen. Je vraagt je af hoe dat toch kan. Per slot van rekening begrijpen de meeste bestuurders wel hoe het werkt. Ze zullen rustig en voorzichtig remmen als ze vóór zich een botsing zien, en de kans is groot dat de bestuurder achter hen hetzelfde doet. Het probleem is dat er maar een paar Eugènes in de keten hoeven te zitten om op de veilig tot stilstand gekomen wagens in te rijden en ze plat te persen tegen de wagens vóór hen.

Als ik de Eugènes bezig zie, verbaast het me altijd weer dat er zo betrekkelijk weinig kettingbotsingen zijn. Als je hun beleefd vraagt of ze niet denken dat het nogal gevaarlijk is om met 130 kilometer per uur niet meer dan twee meter afstand te houden, zullen ze je uitleggen dat ze zulke ongelooflijk snelle reflexen hebben en dat hun wagen veel sneller kan remmen dan de auto vóór hen. Jammer genoeg hebben ze daar vaak gelijk in, en probeer hun maar eens uit te leggen dat het niet uitmaakt hoe snel dat reactievermogen van hen is, en hoe goed hun auto wel niet kan remmen, omdat ze zich allang in de achterkant van die andere auto geboord hebben voordat ze zelfs maar in de gaten krijgen dat er iets aan de hand is. Sommige Eugènes van deze wereld beschikken inderdaad over ongelooflijk snelle reflexen, maar ongelooflijk stupide zijn ze allemaal en dát valt helaas niet met bliksemsnelle reflexen te compenseren.

Een ander raadsel van de Eugènes is waarom ze zo onverdraagzaam voor elkaar zijn. Telkens weer zit je met trillende knieën omdat er vijf seconden nadat het licht al op rood is gesprongen nog een Eugène doorheen komt scheuren of een andere Eugène zodra het licht op groen is gesprongen optrekt alsof hij de Grand Prix wil winnen. Zo nu en dan knipper je even met je ogen en hoop en bid je dat Eugène 2 niet aan zijn supersnelle start begint voordat nummer 1 door het rode licht heen is komen zeilen of vice versa. Als ze elkaar rakelings missen of tegen elkaar klappen, zeggen ze dan: 'Helemaal niet erg, hoor, dat jij net door rood bent gereden, want dat doe ik zelf ook altijd, en bovendien was het voor een deel ook mijn schuld. Dan had ik maar niet zo snel moeten optrekken'? Heb je ooit van je leven zoiets horen zeggen? Natuurlijk niet! Ze beginnen meteen met hun vuisten te zwaaien en tegen elkaar te schreeuwen.

Is het jou ook opgevallen dat de Eugènes weliswaar regelmatig de verkeersregels aan hun laars lappen – waarmee ze niet alleen hun eigen leven en dat van hun passagiers op het spel zetten, maar ook dat van voetgangers en medeweggebruikers – maar dat ze altijd heel veel kritiek hebben op iedere andere verkeersdeelnemer die zonder opzet een vergissing maakt? Voor hen is voorrang heilig. Tegelijkertijd weigeren ze echter toe te geven dat andere weggebruikers óók voorrang hebben. Op een rotonde zie je ze zelfs extra gas geven om te verhinderen dat iemand anders er veilig op kan komen. Ik denk dat iedere Eugène verplicht zou moeten worden om op zijn grafsteen te laten zetten: 'Hier rust Eugène. Hij was een man van principes. Zijn laatste woorden luidden:

Misschien lijk ik nu wat af te dwalen, maar ik beloof je dat dat niet het geval is. Als je met een goede bestuurder in de auto zit, zullen de vele Eugènes op de weg voor je geen grote bedreiging vormen. Je weet dat jouw bestuurder ze tijdig zal herkennen en geen duel met ze zal aangaan. Met andere woorden: je kunt je ontspannen en van de rit genieten.

Als je echter een Eugène aan het stuur hebt zitten, weet je dat hij zijn soortgenoten juist niet zal ontwijken. Al heeft hij nog zo de pest aan ze, ze oefenen een onweerstaanbare aantrekkingskracht op hem uit. Soms zie je een hele stoet Eugènes achter elkaar bumper aan bumper de polonaise doen op de linkerrijbaan, en dat allemaal omdat de voorste Eugène, die met al die bekeuringen, niet opzij wil gaan.

Afgezien van het bumperkleven denk ik dat de op één na meest gemaakte fout op de snelweg is dat je een wagen in de middelste rijbaan wilt inhalen die op dat moment zelf een vrachtwagen gaat inhalen die zich óók op de middelste rijbaan bevindt. Net als je wilt gaan inhalen, zet de bestuurder van de wagen vóór je zijn richtingaanwijzer uit. In de meeste gevallen is het gewoon een wat al te voorzichtige rijder die ruim op tijd wil aangeven dat hij die vrachtwagen gaat inhalen zodra jij langs hem bent.

Zo nu en dan is het echter een fout van een zorgvuldige goede rijder die er even niet met zijn hoofd bij is of van een Eugène die gewoon nú gaat inhalen omdat hij voorrang heeft op je. Een goed bestuurder kijkt even of de weg achter hem vrij is voordat hij gaat inhalen. Een Eugène haalt gewoon in, of er nou iemand achterop komt of niet. Het gevolg is vaak dat er twee Eugènes minder zijn om het verkeer onveilig te maken – en ik zal ze niet missen – maar in veel te veel gevallen kost zo'n ongeluk ook het leven aan hun passagiers en een voorzichtige bestuurder die de stomme pech had dat hij net een foutje maakte toen hij werd ingehaald door een Eugène.

Als je bij een Eugène in de auto zit kun je je niet ontspannen, zelfs al zou je dat willen. Je weet dat er nog een heleboel andere Eugènes op de weg zijn en sommigen van hen zijn zo 'Eugenisch' dat het zelfs je eigen Eugène toch wat al te gortig is. Maar er zijn er ook die zich heel behendig weten te vermommen. Je kunt je geen ogenblik ontspannen en het feit dat je niet zelf aan het stuur zit, maakt het er allemaal alleen maar erger op. Je leven ligt in handen van de idioot naast je.

Toen de deur van het vliegtuig dichtging, was dat net of de gevangenisdeur zich achter me sloot. Het gevoel van claustrofobie, van in de val te zitten dat toen in me opkwam, had in wezen niets te maken met echte claustrofobie of het gevoel dat ik gevangenzat. Actievoerders hebben volkomen terecht de aandacht gevestigd op de dieronwaardige omstandigheden in de bio-industrie, maar iedereen die regelmatig tijdens het spitsuur de Londense metro neemt, zal jaloers zijn op kistkalveren en kippen in legbatterijen. Toch heb ik die kwelling van zuurstofgebrek jarenlang verdragen. Als de deuren dichtschoven, was het voor mij absoluut onmogelijk om ze weer open te laten gaan, maar toch had ik niet het gevoel dat ik in de val zat. Zelfs toen de wagon eens een half uur in een tunnel bleef staan, en de warmte en het gebrek aan zuurstof steeds benauwender werden, had ik nog steeds niet het gevoel dat ik in de val zat.

Niet dat het een prettige ervaring was, zeker niet zelfs, maar ik was niet bang, omdat ik niet het gevoel had dat ik in gevaar verkeerde. Als ik de dag na de grote brand in het King's Cross Station in die tunnel had vastgezeten zou ik ongetwijfeld wél erg bang zijn geweest. Ik zou graag weten hoeveel mensen de dag nadat ze *Titanic* hebben gezien een lange bootreis hebben geboekt, of hoeveel er rustig in de oceaan zijn gaan zwemmen nadat ze de vorige avond *Jaws* hadden gezien, maar ik weet heel zeker dat ik er niet bij zou zijn geweest.

Hoe onprettig het tijdens het spitsuur in de Londense metro ook kan zijn, zeker als er een hittegolf is, ik zou liever elke dag zo'n beproeving doormaken dan de angst van die eerste vlucht nog eens te moeten beleven. Mensen die aan vliegangst lijden, klagen over een gevoel van claustrofobie, van in de val zitten, de zaak niet onder controle hebben en dergelijke. Maar toch hebben ze er geen van allen moeite mee om in de trein te stappen en ik heb het nu niet over de metro, maar over de spoorwegen. In een modern straalvliegtuig heb je minstens zoveel ruimte als in een trein. Goed, je zou eventueel de deur kunnen openen, maar als de trein zich eenmaal in beweging heeft gezet, kom je er niet meer uit.

Je kunt wel aan de noodrem trekken, maar hebt je dat wel eens gedaan? Natuurlijk niet. Waarom zou je dat zelfs maar willen zolang zich geen werkelijke noodsituatie voordoet? Je zit tenslotte in die trein met een reden – om van A naar B te komen – en daarvoor hebt je een flink bedrag neergeteld. Waarom zou je er dan in vredesnaam willen uitstappen voordat je B hebt bereikt?

Ik kan maar één reden bedenken: dat je doodsbang was dat die trein niet veilig was en dat je om te beginnen al helemaal geen zin had om de trein te nemen.

Zodra het tot je doordringt dat vliegen volkomen veilig is, zullen al deze belastende symptomen van vliegangst – claustrofobie, paniekaanvallen, een gevoel van in de val zitten en de macht over je omgeving kwijt te raken – net als de eigenlijke vliegangst zelf op wonderbaarlijke wijze verdwijnen. Dan zul je vliegen gaan zien zoals het werkelijk is:

een uiterst prettige en opwindende ervaring

Maar:

probeer niet zelf het toestel te besturen

21

Probeer niet zelf het toestel te besturen

Met een goede bestuurder kunnen de inzittenden ontspannen van het uitzicht en de reis genieten, maar als er een Eugène aan het stuur zit, is er geen enkele manier om te ontspannen en van het uitzicht zul je niets zien. In feite durf je je ogen niet van de weg af te houden. In feite rijd jíj.

Het is Eugènes werkelijke ambitie om mee te doen aan de Grand Prix. Hij heeft echter ook het heimelijke verlangen om toeristen rond te leiden en hij ziet er geen been in om zich in beide liefhebberijen tegelijkertijd uit te leven. Hij kan zo goed rijden en zijn reactievermogen is zo snel dat hij er geen enkele moeite mee heeft om een tijdje niet naar de weg te kijken. In feite krijg je sterk de indruk dat zijn wagen op de automatische piloot rijdt, terwijl hij voortdurend commentaar geeft op elk detail van het landschap, hoe oninteressant ook. Hij is zelfs zo'n goede chauffeur dat hij het zich kan veroorloven om die greppel langs de weg tot op vijftien centimeter te naderen en zich helemaal niet druk hoeft te maken over het panische getoeter van de tegenligger, terwijl hij over de witte streep zeilt.

Als je last hebt van vliegangst gaat het in een vliegtuig net zo. Je zult merken dat je niet alleen probeert het toestel te besturen, maar dat je ook de taken van de navigator overneemt en – vooral zelfs – die van de boordwerktuigkundige. Hieronder zal ik dit 'proberen zelf het toestel te besturen' noemen.

Ik heb al beschreven hoe andere boeken de neiging hebben om zich te concentreren op gedetailleerde beschrijvingen van manieren om paniekaanvallen te hanteren en om te gaan met eventuele andere lichamelijke symptomen die het gevolg zijn van vliegangst en dat de sleutel tot mijn methode is dat ik door eerst de angst weg te nemen, ook de onplezierige lichamelijke bijverschijnselen daarvan verwijder en dus niet je tijd hoef te verspillen door je te leren hoe je daar het beste mee kunt omgaan. Andere boeken gaan ook zeer gedetailleerd in op alles wat er tijdens de vlucht gebeurt, vanaf het betreden van het vliegveld waar je straks gaat opstijgen tot het verlaten van het vliegveld waar je zojuist bent aangekomen.

Ik ben het ermee eens dat een korte uitleg over bepaalde aspecten van de vlucht niet alleen wat steun kan geven, maar zelfs van doorslaggevend belang is. Ik ben echter óók van mening dat een al te gedetailleerde uitleg van bepaalde kwesties juist contraproductief kan werken en je ertoe kan aanzetten om 'te proberen zelf het toestel te besturen'.

Waarschijnlijk de beste manier om aan te geven wat ik bedoel is het vergelijken van die eerste afschuwelijke ervaring met:

mijn laatste vlucht

22

Mijn laatste vlucht

Als je denkt dat ik met deze titel wil aangeven dat ik nooit meer zal vliegen, dan moet ik je uitleggen dat ik hier eigenlijk 'mijn laatste vlucht tot nu toe' bedoel en dat het me hier begonnen is om een vergelijking tussen mijn eerste vlucht en mijn meest recente vlucht, of een van de vele andere vluchten die ik heb gemaakt sinds mijn vliegangst omsloeg in vliegplezier.

Ik wil hierbij ook opmerken dat ik mezelf bij deze vergelijking wel enige dichterlijke vrijheden heb gepermitteerd. Daarmee bedoel ik niet te zeggen dat ik opzettelijk de grauwe, ellendige angst van die eerste vlucht heb overdreven, of de vreugde van de laatste, maar wél dat ik goed duidelijk probeer te maken wat het verschil is tussen vliegangst en 'proberen zelf het toestel te besturen' enerzijds en een vlucht waarbij je geen last hebt van vliegangst en gewoon onderuit kunt zakken en het aan de bemanning kunt overlaten om te vliegen, zodat je lekker ontspannen kunt genieten van de vlucht.

Om een voorbeeld te geven: er hebben zich geen kapingen voorgedaan tijdens die eerste vlucht en er is ook geen bomalarm geweest. Daarom heb ik mijn fantasie gebruikt om te beschrijven wat de uitwerking geweest zou zijn dat iets dergelijks destijds op me gehad zou hebben. Ook heb ik in mijn verhaal ervaringen van anderen verwerkt die me zijn verteld door andere mensen die aan vliegangst hebben geleden en die nog niet bij me waren opgekomen. Die ervaringen beschrijf ik als de mijne, maar dat waren het niet. Het is niet mijn bedoeling om je daarmee voor de gek te houden of een verwrongen beeld van de werkelijkheid te geven. Dan zou ik niet eens over die dichterlijke vrijheid zijn begonnen. Het is gewoon mijn bedoeling om je te laten zien hoe dezelfde ervaring van een nachtmerrie in een genoegen kan veranderen.

Het eerste wat je dient te beseffen is dat het belangrijkste waar het hier om gaat niet je eerste of eerstvolgende vlucht is, welke van de twee het ook zijn mag, maar het bereiken van je doel. Probeer je eens voor te stellen hoe iemand die bij de Olympische Spelen een gouden medaille heeft gewonnen zich moet voelen terwijl hij of zij daar op het podium staat en zonder enige schaamte de tranen over zijn of haar wangen laat biggelen terwijl hij of zij vol trots toekijkt hoe de vlag van zijn of haar land wordt gehesen. Dat zou wel eens het mooiste ogenblik van zijn of haar hele leven kunnen zijn, want het vormt de bekroning van jaren hard werk en intensieve training.

Maar in werkelijkheid is het belangrijkste dan al gebeurd. het belangrijkste moment van het leven van zo'n atleet was het moment waarop hij of zij heeft besloten die droom te gaan nastreven. Want als zo iemand dat niet beleefd zou hebben, had diegene zijn of haar doel nooit bereikt. Voor jou was het belangrijkste ogenblik dat waarop je hebt besloten iets aan je vliegangst te doen. De winnaars van een olympische medaille kunnen hun doel niet bereiken zonder jarenlange zware training en zelfdiscipline. Maar hoe zwaar die ook geweest mogen zijn, je denkt toch niet dat ze niet van die uitdaging hebben genoten?

Gelukkig voor jou is het niet nodig om een jarenlange zware training door te maken. Je hoeft alleen de instructies maar op te volgen en je kunt niet alleen genieten van de prestatie zelf, maar ook van de voorbereiding. En er is nóg een punt waarop je tegenover de potentiële olympiërs in het voordeel bent. Wel duizend atleten zouden even gemotiveerd kunnen zijn om een bepaalde wedstrijd te winnen, maar er is er maar één die de gouden medaille mee naar huis kan nemen, terwijl er geen enkele bovengrens is aan het aantal mensen dat kan genieten van vliegen binnen 'de beperkingen'. Dat doel is voor iedereen met vliegangst te bereiken, zolang hij of zij de eerste instructie maar opvolgt. Die luidde:

hou je aan alle instructies in dit boek

De derde instructie luidde:

begin in een opgewekte stemming

De vierde:

zorg dat je positief denkt

De vijfde:

grijp je kans!

de zesde:

geniet ervan!

Nu vraag je je wellicht twee dingen af:

1. *Waarom behandel ik je alsof je achterlijk bent door instructies te herhalen die om te beginnen al zo duidelijk als wat waren?* En:
2. *Waarom heb ik de tweede instructie niet herhaald?*

Weet je nog wat de tweede instructie was? Als je dat inmiddels al vergeten bent, dan weet je nú waarom het nodig was om die andere vier te herhalen. Zelfs als ik je tekortdoe en je ze nog wist of netjes opgeschreven had, bied ik je niet mijn verontschuldigingen aan. De reden waarom ik je aan de instructies herinner, is dat je je er voortdurend van bewust dient te zijn en als je je nu afvraagt wat die tweede nu was, dan hoef je niet terug te bladeren. Alle instructies staan in Appendix B, samen met het nummer van de pagina waarop ze voor het eerst zijn gegeven.

De voorbereidingen voor je eerstvolgende vlucht beginnen niet pas als je op het vliegveld aankomt, maar zijn al begonnen, en het belangrijkste moment is *nu!*

Tijdens mijn eerste vlucht werd ik volledig in beslag genomen door mijn negatieve gedachten. Ik gebruikte mijn fantasie om mezelf te kwellen. Ik maakte me vreselijk druk over alles wat er mis kon gaan. En waar ik me nog het meeste zorgen over maakte, was de vraag of ik straks wel de moed zou kunnen opbrengen om aan boord te gaan.

Ik deed mijn best om daar niet over na te denken. Dat was de ergste vergissing van allemaal. Het is net zoiets als wanneer er een grote dag op komst is en je daarom maar een uur eerder naar bed gaat dan normaal om de volgende dag goed uitgerust op te staan. Dan begint de wet van Murphy onmiddellijk te werken. Je zult niet alleen de hele nacht wakker liggen, maar des te drukker je je daar over maakt des te zekerder het wordt dat je geen oog dicht zult doen. Dat is de zevende instructie:

probeer niet aan iets anders te denken

Dat lukt je toch niet en als je het probeert, zal je dat alleen maar een fobie opleveren. Maar waar het om gaat, is dat het ook helemaal niet nodig is te proberen daar niet aan te denken. Er staat je niets naars te wachten. Integendeel.

Er gaat iets plezierigs gebeuren!

Misschien is het niet mogelijk om nadrukkelijk níét aan een bepaald onderwerp te denken, maar het is wél mogelijk om plezierige en positieve gedachten over iets te hebben in plaats van angstaanjagende en negatieve. Neem dat nu maar van mij aan: de keus is aan jou. Je gáát vliegen, of je dat nou leuk vindt of niet, je zúlt die volgende vlucht nemen. Aan jou de eenvoudige keus of de tijd daarvóór een hel wordt of niet. Als je kiest voor misère wordt de vlucht zelf waarschijnlijk ook een ellendige ervaring. Je kunt er ook voor kiezen om van die voorbereidingstijd een prettige periode van uitzien naar een welverdiend succes te maken, en als je daarvoor kiest, kan ik je garanderen dat de vlucht zelf niet alleen een fluitje van een cent, maar ook gewoon prettig zal zijn.

Wat dacht ik dan in de paar minuten vóór mijn meest recente vlucht? Ik denk niet langer aan de vlucht zelf. Denk je eens in: er zijn mensen die vele duizenden euro's betalen voor een cruise. Reizen kan een opwindende en leuke ervaring zijn, als je tenminste niet in doodsangst verkeert. Slechts 44 procent van de mensen die de vragenlijst hebben ingevuld, waren bang voor boten. Maar zelfs het grootste en veiligste cruiseschip is minder veilig dan een vliegtuig dat binnen 'de beperkingen' valt. De turbulentie op zee is veel heviger dan die in de lucht. Ik heb maar twee keer een cruise gemaakt. Op de ene was de helft van de passagiers drie dagen lang zeeziek. Mijn maag raakt heel snel van streek, maar tijdens de honderden vluchten die ik inmiddels achter de rug heb, heb ik me nooit zelfs maar een klein beetje misselijk gevoeld en al evenmin gemerkt dat een van de andere passagiers daar last van had.

Dus: hoewel de cruise over het algemeen al als een vakantie op zich wordt beschouwd, is vliegen volgens mij de goedkoopste, snelste en veiligste manier om betrekkelijk lange afstanden af te leggen, of het nu voor zaken is of voor plezier. Het zou trouwens iets te ver gaan om te beweren dat ik elke vlucht als een blije en opwekkende ervaring beschouw. Ik kan het eigenlijk alleen maar vergelijken met de auto nemen, of de trein.

Bij mijn eerste vlucht was zowel de angst vooraf als de vlucht zelf een afschuwelijke ervaring, en de vakantie zelf werd volkomen bedorven doordat ik zo tegen de retourvlucht opzag. In de periode waarin de hevige angst was veranderd in een lichte nervositeit voelde ik me pas echt op mijn gemak zodra het vliegtuig weer veilig op de grond stond en pas dan begon mijn vakantie. Tijdens de vakantie zelf dacht ik zo nu en dan wel aan de retourvlucht, maar die gedachten waren niet zo overheersend dat mijn vakantie erdoor werd bedorven.

Als ik tegenwoordig een vliegvakantie voor de boeg heb, geniet ik van de voorbereidingen. Het vliegen zelf vind ik niet vervelend. Op de eerste dag voel ik me opgetogen. Omdat ik geen vliegangst meer heb, maken de rit naar het vliegveld en de vlucht zelf deel uit van de opwinding. En als ik tijdens de vakantie sombere gedachten heb, dan komt dat niet omdat ik straks weer in het vliegtuig moet stappen, maar omdat ook deze vakantie voorbijgaat.

Het zou beter zijn om geen vergelijking te trekken met mijn laatste vlucht, maar met de eerste vlucht die ik heb gemaakt nadat ik van mijn vliegangst af was. Ik wil daarbij benadrukken dat ik al vóór die vlucht van mijn vliegangst af was. Ook dit vindt je misschien een 'kip en ei'-situatie. Hoe kon ik nou weten dat ik in dat stadium al van mijn vliegangst was verlost, tot ik in het toestel was gestapt om dat te bewijzen?

Ik zou daartegen kunnen inbrengen dat ik nooit had kunnen weten dat ik vliegangst had tot ik werkelijk eens in een vliegtuig was gaan zitten. Het antwoord op beide paradoxen is hetzelfde. Ik had al vliegangst voordat ik ooit een vlucht had gemaakt. De maatschappij had me al met zoveel misverstanden gehersenspoeld dat ik was gaan geloven dat vliegen gevaarlijk is. Mijn vliegangst was dus iets volkomen natuurlijks. Toen al die misvattingen eenmaal uit de weg geruimd waren, was mijn vliegangst ook verdwenen en dat is de reden waarom Adelle Mirer, zoals ze in haar inleiding heeft beschreven, stond te popelen om in een vliegtuig te stappen om dat te bewijzen. Ik had datzelfde gevoel.

Tijdens de eerstvolgende vlucht die ik nam, voelde ik me zo opgetogen als ik me op één keer na nooit eerder had gevoeld. (Die andere keer was toen het tot me doordrong dat ik eindelijk uit de gevangenis van de nicotine had weten te ontsnappen.) Het was zo'n opluchting omdat het een bewijs vormde voor iets wat ik al wist.

mijn vliegangst was voor altijd verdwenen!

Waar ik je van nu af aan wil laten denken, is niet:

'Zou het niet heerlijk zijn als ik eindelijk voldoende moed zou weten te verzamelen om eens te gaan vliegen, zodat ik samen met vrienden en familie op vakantie kan of met mijn partner mee kan op een zakenreisje?' Maar:

'Die vakantie en dat zakenreisje zijn niet van belang. Waar het om gaat, is dat ik me nu kan verlossen van de ketenen van mijn vliegangst. Ik ga ontsnappen uit deze gevangenis!'

Net als de goudenmedaillewinnaars die opgetogen zijn omdat ze hun doel bereikt hebben, zal ook jij opgetogen zijn omdat je je doel hebt weten te bereiken.

Je kunt vliegen zonder angst!

In de tijd die je nu nog scheidt van het moment waarop je in het vliegtuig stapt, moet je opgewekt en positief blijven. Maak je maar geen zorgen dat je er telkens weer aan zult moeten denken. Wát je denkt, daar gaat het om. Vergeet niet dat de keus aan jóú is. En dat is de achtste instructie:

neem zelf het heft in handen

Vliegen is ongelooflijk veilig. Dat staat buiten kijf. Dus als je aan de veiligheid moet denken, is het devies:

blijf positief denken

Kwel jezelf niet met gedachten aan wat er allemaal mis kan gaan. Denk er in plaats daarvan aan hoe ongelooflijk veilig vliegen is. Zorg dat je je aandacht vooral gericht houdt op hoe plezierig het is om je doel te bereiken. Stel je voor hoe kalm en ontspannen je daar zult zitten, terwijl je alles volledig in de hand hebt. Denk je eens in hoe je met warm medeleven naar de andere passagiers zult kijken, die dezelfde kwellingen doormaken waar jij vroeger zo onder hebt geleden.

Ik heb ooit de eer gehad om mijn beste vriend en zijn verlegen jonge dochter naar haar bruiloft te rijden. Ze was bijna in paniek en zat voortdurend in over haar jurk, haar kapsel en alle andere dingen waar bruidjes zich druk om maken. Toen ik de wagen aan de kant zette, leek dat de situatie er aanvankelijk alleen maar erger op te maken, want we waren toch al laat en nu begon ze mij verwijten te maken.

Ik zei dat ze haar mond moest houden. Daar had ik enige moed voor nodig, want op dat ogenblik was ik meer chauffeur dan vriend. Ik vertelde haar dat het helemaal niet erg was als de bruid iets te laat kwam en dat zoiets zelfs een onmisbaar onderdeel van de hele ceremonie vormde. Elke chefkok die ook maar een knip voor de neus waard is, weet dat de gasten het hoofdgerecht meer zullen waarderen als je hen er lang op laat wachten.

Ik beschreef mijn eigen huwelijksdag en vertelde dat ik zo in de rats had gezeten dat ik me bijna niets meer kon herinneren van de dag die de gedenkwaardigste van mijn hele leven had moeten zijn. Ik wees haar erop dat de bruid veruit de belangrijkste deelneemster is en de bruidegom niet meer dan een zielige sukkel met puisten, die van geluk mag spreken als hij in volgorde van belangrijkheid na de bruidsmeisjes en de bruidstaart komt.

Ik heb er ook op gewezen dat de bruidegom dat helemaal niet erg vindt. Die is al even zenuwachtig en vindt het best dat de bruid het middelpunt van de aandacht is. Het gaat hém er alleen maar om dat hij zijn vrienden kan laten zien dat hij het hart van het leukste meisje ter wereld heeft weten te winnen.

Bij deze bruiloft ging dat allemaal op. Ik heb twee bruiden gehad en ook twee dochters weggegeven, en ik zou het vervelend vinden als een van hen dacht dat dit vervelend bedoeld is, maar is het niet een heel leuk trekje van de natuur dat een zwangere vrouw altijd aantrekkelijk is en de bruid altijd het mooiste meisje op de bruiloft?

Cheryl Stokes was en is een beeldschoon meisje. Degenen

die de familie Stokes kennen, weten dat dit een mysterie is, want als Ronnie Stokes ter plekke was geweest toen ze bezig waren met de casting voor *De klokkenluider van de Notre Dame*, had Charles Laughton geen kans gemaakt.

Gelukkig lijkt Cheryl nogal op haar moeder Jean en op haar trouwdag leek ze wel een prinses. Ik wees haar erop dat ze eruitzag als Elizabeth Taylor in haar hoogtijdagen en dat de keus aan haar was. Ze kon zichzelf en alle anderen op de bruiloft in verlegenheid brengen door heel verlegen te doen en zo de belangrijkste dag van haar leven tot een nachtmerrie maken, terwijl het juist de gelukkigste dag van haar leven zou moeten zijn. Ze kon óók als de koningin die ze was over het gangpad naar voren komen, zodat het een dag zou worden waarop iedereen, en vooral zijzelf, met vreugde kon terugkijken.

Ik was trots op Cheryl omdat ze die dag ineens helemaal opbloeide: van kind tot volwassen vrouw, niet alleen tijdens de huwelijksplechtigheid zelf, maar ook tijdens de receptie. Ik zou daarvan graag een deel van de eer opeisen, maar als ik eerlijk ben, moet ik toegeven dat ik verscheidene andere bruiloften heb meegemaakt waarbij de timide en verlegen knop van een Engelse roos zich ook zonder mijn hulp ineens opende tot een prachtige bloem.

Evenals de duizenden Cheryls door de jaren heen hebben laten zien dat ze tegen de uitdaging opgewassen waren, zo zul jij laten zien dat je in staat bent je doel te bereiken. Misschien zit je daar als een vorst of vorstin in dat toestel. Misschien heb je wel een partner, familielid of vriend bij je, iemand die weet wat je hebt bereikt en die in staat is om je triomf te delen. Als dat zo is, des te beter, maar zelfs als je daar in je eentje op het erepodium staat, zul je ervaren dat de overwinning net zo zoet smaakt.

Maak je er maar niet druk over als je tijdens de vlucht zo nu en dan wat nerveus bent en vlinders in je buik krijgt. Dat hoort bij de opgetogenheid. Denk maar eens aan voetballers die aan de bekerwedstrijd beginnen. Ze zijn zenuwachtig, maar ook uitgelaten. Ze zijn zenuwachtig om precies dezelfde reden waarom jij het bent. Er kan maar één team winnen, maar als je alle instructies opvolgt,

kan niets je van de overwinning afhouden!

Het is dus belangrijk om positief te blijven denken en ervoor te zorgen dat je vóór de vlucht in een opgewekte stemming bent en blijft. Laten we dan nu eens verdergaan met de vergelijking, en wel op

de dag van de vlucht.

23

De dag van de vlucht

Of het nu een vakantie of een zakenreis is, de hele dag van de vlucht is meestal vervuld van opwinding. Zelfs zonder vliegangst kan dat prettige gevoel van opwinding snel omslaan in een slecht humeur en paniekerig gedoe. Zorg er daarom voor dat je vóór de overwinningsdag een lijstje maakt van alles wat je wilt meenemen en een afzonderlijk lijstje met daarop de absoluut essentiële factoren.

- Tickets en een lijstje met vertrektijden en adressen
- Een paspoort
- Geld en een creditcard

Als je al eens eerder hebt gevlogen zul je de procedures die ik hier beschrijf al kennen. Ik wil je niet de bekende weg wijzen, maar vraag je wel om even geduld te hebben met degenen die voor het eerst in een vliegtuig stappen, want mensen kunnen erg uit hun doen raken als ze plotseling met allerlei onbekende procedures worden geconfronteerd. Of de volgende vlucht nu je eerste of je dertigste is, ik kan niet genoeg benadrukken hoe belangrijk het is om rustig te blijven en alles te vermijden wat je gemoedsrust zou kunnen verstoren.

Meestal krijg je, samen met de tickets, een overzichtje met daarin de vluchtnummers en vertrektijden van de heen- en terugreis, de naam van het vliegveld en de luchtvaartmaatschappij en hoelang van tevoren je moet inchecken. Dit laatste kan variëren, maar meestal dien je twee uur voor vertrek aanwezig te zijn. Als het vliegveld over meer dan één terminal beschikt, staat het terminalnummer er ook bij.

Het is verstandig om de tickets, het reisplan en de paspoorten in afzonderlijke portefeuilles of zakjes te bewaren, maar die wel allemaal bij je te houden. Het is heel vervelend om je koffer te moeten openen als je die net op slot hebt gedaan, en als je die eenmaal hebt ingecheckt kun je er trouwens helemaal niet meer bij. Stop alles wat je denkt nodig te hebben voordat je in het hotel aankomt in een aparte tas die je als handbagage meeneemt in het vliegtuig.

Ik zal niet proberen je te vertellen wat je daar het best in kunt doen, want Joyce en ik hebben daar in het verleden wel eens ruzie over gehad en het belangrijkste deel van dit hoofdstuk is het vermijden van ruzie en ergernis in welke vorm dan ook. Als praktisch ingestelde man heb ik de neiging alleen absolute noodzakelijkheden mee te nemen, zoals een pak speelkaarten, terwijl Joyce altijd allerlei overbodigheden meeneemt, zoals schone sokken, een handdoekje en een tandenborstel. Omdat we echter een democratisch echtpaar zijn dat heeft geleerd te geven en te nemen, voeren we altijd een beleefd gesprek over zoiets en nemen daarna alles mee wat Joyce maar wil. Je dient er echter wel rekening mee te houden of je van winterse naar zomerse omstandigheden vliegt of omgekeerd.

Ik wil dan ook sterk aanraden om ervoor te zorgen dat je minstens twee uur vóór de inchecktijd op het vliegveld bent. Als je nu denkt: het laatste wat ik wil, is nóg langer in dat voorgeborchte van de hel zitten, dan heb je niet door waar het nu om gaat. Tegen de tijd dat je dit boek uit hebt en klaar bent met je mentale voorbereiding zul je het niet langer als het voorgeborchte van de hel beschouwen. Vergeet niet dat dit je grote dag is. Als de dag erop zit, sta je op dat erepodium. Misschien heb je wel vlinders in je buik, maar je zult genieten van je overwinningstriomf. Begin daar nu al mee!

Als je jezelf die extra tijd gunt, zul je de paniek vermijden waar verkeersopstoppingen en andere onvoorziene vertragingen toe kunnen leiden. En bovendien heeft het zo zijn voordelen om wat te vroeg te komen. Je hebt dan alle tijd om rustig je wagen te parkeren, een bagagekarretje te zoeken en op de beeldschermen te kijken bij welke incheckbalie je moet zijn.

Welke plaatsen zijn het veiligst? Sorry, gewoon even een testje. Daarover hoef je je nu helemaal niet druk meer te maken. Net zomin als je je afvraagt in welk deel van je tuin je het best kunt zitten als er een vliegtuig op zou neerstorten. Blijf dat duidelijk voor ogen houden. Alle plaatsen zijn veilig en je zult zonder kleerscheuren aankomen. Kwel jezelf niet met negatieve en bespottelijke gedachten.

Er is volgens mij maar één ding dat werkelijk van belang is voor de komende vlucht. Als je bang bent dat je last zult krijgen van hoogtevrees of claustrofobie, kies dan een plaatsje aan het gangpad en dan bij voorkeur ergens boven de vleugels. Daar zul je de grond alleen te zien krijgen als je echt je nek strekt. Het nadeel van een plaats aan het gangpad is dat je het uitzicht van een raamplaatsje mist, en dat kan soms heel spectaculair zijn.

Bij de incheckbalie moet je je ticket en je paspoort laten zien en krijg je een instapkaart waarop je stoelnummer staat. Bewaar de instapkaart in dezelfde portefeuille als die waarin je ticket en je paspoort zitten. Je koffers laat je achter bij de incheckbalie. De medewerker hier zal je vertellen bij welke gate je moet zijn en hoe laat je naar verwachting kunt instappen. Meestal is dat een half uur of drie kwartier vóór de vertrektijd.

De incheckbalie wordt omringd door restaurants, bars, winkels, toiletten et cetera. Hoeveel tijd je ook overhebt, ik raad je aan om gelijk door te lopen naar de vertrekhal. Voordat je daar naar binnen mag, moet je met je handbagage door een detectiepoortje. Daar merkt je helemaal niets van, tenzij je een pistool of een bom hebt meegenomen. Dat raad ik je dan ook ten sterkste af. Hier zult je ook je paspoort en je instapkaart moeten laten zien.

In de vertrekhal vind je stoelen, bars, restaurantjes, toiletten en winkels, waaronder de taxfreewinkel waar je allerlei (lokale) producten kunt kopen tegen vaak zeer lage prijzen. Hier vind je ook een reeks beeldschermen die je de meest recente informatie geven over je vlucht. Als die vertraging heeft, kun je dit hier zien.

Bij die eerste vlucht maakte ik me niet zozeer druk om de vertraging zelf, als wel om de reden daarvoor. Iedereen die regelmatig vliegt, kan je vertellen dat luchtvaartmaatschappijen erom berucht zijn dat ze hun cliënten heel weinig informatie verschaffen over de duur van een vertraging en de reden daarvoor. De weinige informatie die ze je wel verschaffen, kan vaak een volkomen tegenovergestelde uitwerking hebben.

'Vluchtnummer zoveel is vertraagd wegens een motorstoring'

O God! Ik kom in een of andere ouwe bommenwerper uit de Tweede Wereldoorlog te zitten, die al tientallen jaren geleden gesloopt had moeten worden. Of:

'de vertraging is te wijten aan omstandigheden op de bestemming'

O néé! Dat betekent zeker dat er mist of ijzel is. In onze paniek vergeten we helemaal dat we naar Málaga gaan, dat het medio juli is en dat er zeker geen mist of ijzel zal zijn.

Vergeet niet, als er een vertraging is, wat de reden daarvoor ook mag zijn, dat je je nergens druk over hoeft te maken. Hoogstwaarschijnlijk is er alleen maar een vertraging ontstaan omdat je veiligheid vóór alles gaat. Meestal betekent 'de omstandigheden op de bestemming' niet meer dan dat er te veel vliegtuigen op hetzelfde ogenblik proberen te landen. Ooit is het gewoonte geweest om alle vliegtuigen maar te laten rondcirkelen, en dat is nu een mooi voorbeeld van een nieuwe veiligheidsmaatregel. Zo'n situatie valt te voorzien en liever dan je te laten wachten op een hoogte van tien kilometer, wordt het wachten nu verplaatst naar de vertrekhal van de luchthaven. Wat zou je liever willen?

Zo nu en dan is het nodig dat het vertrekkende vliegtuig een uur of langer op de startbaan blijft staan. Dat kan heel irritant en vervelend zijn, maar voordat je helemaal over de rooie gaat, kunt je je beter eerst even afvragen wat het belangrijkste is: dat je op tijd komt of dat je veilig landt.

In de periode waarin ik hevige vliegangst had, maakte ik me helemaal niet druk om het ongemak dat die vertragingen met zich meebrachten. Ik denk dat ik op een bepaalde manier zelfs van die vertraging genoot. Het stelde het afschuwelijke moment nog even uit en gaf me de hoop dat de vlucht voor onbepaalde tijd zou worden uitgesteld.

In de periode dat ik nog wel enige vliegangst had, maar niet in sterke mate, hadden vertragingen juist het tegenovergestelde effect. De vertraging bewees dat vliegen veilig is, maar toch vond ik het vervelend, want de periode waarin ik me niet helemaal op mijn gemak voelde, ging er wel steeds langer door duren. Wat vind ik er tegenwoordig van? Ik neem een filosofische houding aan. Als ik een vliegreis ga maken naar een populaire vakantiebestemming, dan moet ik gewoon aanvaarden dat het me een volle dag kost om die te bereiken en daar berust ik in. Zelfs als ik in het holst van de nacht moet opstaan om op tijd op de luchthaven te zijn en dus heel moe ben, maak ik me daar niet druk om. Integendeel zelfs! Ik ben uitgelaten! Ik heb vakantie! Ik kan op het vliegveld nog wel een dutje doen, en anders in het vliegtuig zelf, en morgen kan ik zolang uitslapen als ik maar wil.

Als het toestel twee uur vertraging heeft, maakt het dan iets uit dat je al twee uur eerder op het vliegveld was? Je leeft nog en het is toch zeker leuker dan werken? Des te langer we vertraging hebben, des te langer Joyce en ik ons kunnen richten op haar liefste hobby: het uitgeven van mijn zuurverdiende centen, of zoals ze het zelf noemt: winkelen. Ik doe alsof ik dat vervelend vind, maar eigenlijk vind ik het heerlijk, want dat geeft mij de tijd voor mijn liefste hobby: lezen!

Of ik nu in de vertrekhal zit of in het toestel zelf, ik heb nu alle gelegenheid om eindelijk eens al die boeken te lezen die al zo lang op het nachtkastje liggen. Luchthavens zijn fascinerende oorden, zolang je blik maar niet wordt vertroebeld door een onlogische vliegangst!

Verscheidene mensen die de vragenlijst hadden ingevuld, bekenden dat ze hadden geprobeerd hun vliegangst weg te drinken en ik moet toegeven dat ik daartoe zelf ook wel eens een poging heb gedaan. Als het werkte, zou er niet zoiets als vliegangst bestaan, of welke andere angst dan ook. Het schijnt dat we allemaal precies dezelfde ervaring hebben gehad: hoeveel je ook dronk, op het moment dat je in dat vliegtuig stapte, was je ineens zo nuchter als een kalf.

Andere zogenaamde kalmeringsmiddelen, valium bijvoorbeeld, schijnen al even weinig effect te hebben. Dat is niet verrassend. Diep in ons hart weten we best dat de enige oplossing voor een probleem het elimineren van het probleem is. Een van de symptomen van vliegangst is een gevoel van lichamelijke spanning. Alcohol en valium nemen niet alleen de angst niet weg, maar verlossen ons zelfs niet van de symptomen die die angst met zich meebrengt. Ze zorgen er alleen maar voor dat we niet zo op die symptomen gespitst zijn. Zodra je van de angst af bent, heb je helemaal geen drank of pillen meer nodig, en dat geldt ook voor alle andere mogelijke hulpmiddelen.

Op sommige luchthavens wordt niet langer omgeroepen wanneer het instappen voor een bepaalde vlucht begint, dus het is aan te bevelen om zo nu en dan eens op een beeldscherm te kijken. Zodra je ziet dat je kunt instappen, loop je rustig naar de instapruimte. Je hoeft je niet te haasten want je hebt ruim de tijd. De toiletten in een vliegtuig zijn heel behoorlijk, maar wel wat klein en vaak bezet, dus het is verstandig om voor het instappen nog even gebruik te maken van een van de toiletten in de vertrekhal.

Bij de instapruimte is een kleine afgescheiden ruimte, waar de passagiers voor je vlucht zich voor het instappen moeten verzamelen. Als het instappen eenmaal begonnen is, loop je door de controle en laat je je instapkaart zien. Meestal kun je daarna over een overdekte loopbrug rechtstreeks naar je toestel lopen.

Het moeilijkste aspect van het vliegen is dat er altijd wel een paar Eugènes aan boord zijn. Ze zitten onveranderlijk op de eerste vijf rijen en blokkeren alle gangpaden terwijl ze hun handbagage in de kastjes boven hun stoel proppen.

Verstandige luchtvaartmaatschappijen kondigen het instappen voor de achterste rijen het eerst aan; daarna komen de middelste rijen en de voorste zijn als laatste aan de beurt. Het zou nóg verstandiger zijn als de passagiers al in de vertrekhal werden opgesteld in de volgorde waarin ze straks zullen komen te zitten. Sommige deskundigen raden je aan dit probleem te vermijden door pas op het allerlaatste ogenblik aan boord te gaan, maar dat leidt juist tot het ontstaan van paniek in plaats van die te vermijden. Dit is je grote dag. Het kan zijn dat je vlinders in je buik hebt, maar je zult rustig en kalm zijn. Mijn advies is om, als je je instapkaart moet laten zien, te zeggen dat je wat nerveus bent en dat je graag als eerste aan boord wilt gaan. De medewerkers van de luchtvaartmaatschappij zullen daarvoor alle begrip hebben en hun uiterste best doen om je ter wille te zijn. Ook tijdens de vlucht zul je dan met alle egards behandeld worden. En als ze zien dat je je toch goed houdt, zullen ze duidelijk veel respect voor je koesteren.

Het is veel beter om als eerste een ruim en leeg vliegtuig binnen te gaan en alle tijd te hebben om je handbagage op te bergen, je veiligheidsgordel om te doen en aan je omgeving te wennen terwijl je rustig in je stoel zit en toekijkt hoe Eugène chaotische toestanden veroorzaakt. Als je bij je stoel bent en degene die achter je loopt je wil passeren, geef hem daarvoor dan de gelegenheid voordat je je bagage in het rek zet, en vergeet niet eerst je boek en alles wat je verder tijdens de vlucht nodig mocht hebben, uit je tas te halen.

Als je als laatste aan boord gaat, zullen alle andere passagiers naar jóú zitten kijken. Ze zullen niets zeggen, maar uit hun blikken zal maar al te duidelijk blijken dat ze denken dat het toestel tien minuten eerder had kunnen opstijgen als jij niet zo laat was geweest.

Vliegangst kan sterk op verlegenheid lijken. Als je de laatste bent die op het feestje komt, krijg je de indruk dat alle anderen elkaar kennen en veel plezier hebben. Als je zelf de eerste bent, kun je toekijken hoe de andere gasten arriveren, zien hoe verlegen ze zich voelen en zelf het initiatief nemen door je voor te stellen. Op die manier kun je je eigen verlegenheid volkomen vergeten.

Met vliegen gaat het net zo. Als je ervoor zorgt dat je er als eerste bent, kun je rustig achteroverleunen en terwijl je toekijkt hoe de andere passagiers het toestel binnenkomen, zal het je opvallen dat de meesten zich net zo vervelend voelen als jij vroeger.

Als alle passagiers en bemanningsleden veilig aan boord zijn, worden de deuren gesloten en taxiet het vliegtuig langzaam naar de startbaan. Nu zullen de veiligheidsprocedures worden gedemonstreerd. Ik heb al beschreven hoe ik tijdens mijn eerste vlucht daar alleen maar banger van werd – het was duidelijk dat ze verwachtten dat er de een of andere ramp zou gebeuren. Tegenwoordig neem ik niet eens meer de moeite om te luisteren. Weet ik dat allemaal al omdat ik zoveel heb gevlogen? Nee. Het komt omdat ik weet dat de kans dat ik ze ooit nodig zal hebben, zo klein is dat het niet de moeite waard is om me erom te bekommeren.

Als dat zo is, waarom nemen ze dan toch de moeite om dat allemaal te vertellen? Omdat het wettelijk verplicht is en omdat het juist al die aandacht voor zelfs de kleinste details is die de moderne luchtvaart zo veilig maakt. Voel ik me niet schuldig als ik toegeef dat ik niet de moeite neem om naar de instructies te luisteren? Néé! Want ik wéét dat ik die toch niet nodig zal hebben. Als je naar de bioscoop, het theater, de supermarkt, het hotel of een ander openbaar gebouw gaat, kijk je dan waar de brandblussers hangen en de nooduitgangen zich bevinden? Als je dat niet doet, dan ben je heel wat nalatiger dan ik. Het enige waarover ik me schuldig voel, is dat niemand anders er ook maar enige aandacht aan lijkt te besteden en dat die arme stewards of stewardessen er toch mee door moeten gaan.

Nu komen we bij de kern van de zaak. Het werkelijke verschil tussen de reden waarom ik ooit zo doodsbang voor vliegen was en het tegenwoordig heerlijk vind:

het opstijgen

24

Het opstijgen

Net als die idioten die een groot deel van hun leven verdoen met pogingen om voorwerpen te laten bewegen zonder ze aan te raken, louter en alleen met geestkracht dus, probeerde ik altijd het vliegtuig van de grond te tillen. Ik probeerde niet alleen het werk van de piloot over te nemen, maar ook de motoren zelf een handje te helpen! Ik had nooit vliegles gehad en ik wist niets van de moderne luchtvaart. Waarom probeerde ik dan mee te vliegen?

Vele deskundigen geven gedetailleerde informatie over de mechanische aspecten van het vliegen. En het is inderdaad van groot belang om over enige informatie te beschikken. Op mijn eerste vlucht bijvoorbeeld, waren we net los van de grond toen het vliegtuig plotseling naar links overhelde zodat ik ineens naar de grond zat te staren, hoewel ik een plaats aan het gangpad had. Ik was ervan overtuigd dat er iets misgegaan was. De motoren waren gaan haperen, we probeerden wanhopig een ander toestel te ontwijken of er was de een of andere storing in het besturingssysteem, zodat het toestel nu onbestuurbaar was en het niet lang meer zou duren voordat we op de grond zouden smakken.

Ik was niet zo naïef om te geloven dat de piloten in de moderne burgerluchtvaart stunts uithalen, maar niemand had me verteld dat vliegtuigen hun bochten net zo maken als fietsen of motoren en dat dat ook volkomen vanzelfsprekend is. Probeer maar eens een bocht te maken op een fiets zonder schuin over te hellen. Dan weet je onmiddellijk wat ik bedoel. Dat had ik ook zo wel kunnen weten. Maar ik had het niet door.

Misschien had ik ook moeten snappen dat het een beetje al te toevallig zou zijn geweest als de startbaan precies gesitueerd was in de richting waarin we zouden reizen en dat we na het opstijgen dus een bocht moesten maken om wél op de juiste koers te komen.

Ik beschouw mezelf graag als een tamelijk intelligent iemand, maar angst en intelligentie gaan niet goed samen. Ik twijfel er niet aan dat mijn basale vliegangst het me onmogelijk maakte iets te onderkennen dat toch zo voor de hand lag. Maar als ik erop voorbereid was geweest, had die schuine bocht me niet nog angstiger hoeven maken dan ik al was.

Ik denk dat ik nog het meest last heb gehad van het gekreun en gepiep van de hydraulische systemen. Ik kan me nog herinneren dat ik dat vrijwel onmiddellijk na het opstijgen opmerkte en dacht: *Dat is het landingsgestel dat wordt ingeklapt, maar is dat niet een beetje te vroeg?* Toen het toestel een schuine bocht inzette, bleek natuurlijk dat ik gelijk had gehad – dat dacht ik in ieder geval. Snap je waar ik naartoe wil? Zonder over ook maar enige kennis te beschikken, probeerde ik het toestel te besturen. Ik dacht dat ik beter kon vliegen dan de piloot. Geen wonder dat ik doodsbang was.

Toen we gingen landen was het nog erger. Nadat ik het toestel meer dan twee uur in de lucht had weten te houden, in weerwil van de tekortkomingen van de piloot en de navigator, moest ik het ook nog eens veilig aan de grond zien te krijgen. Het is duidelijk dat de piloot het landingsgestel nog niet heeft laten zakken en dat hij daar wel erg lang mee wacht. Waarschijnlijk zit hij zo druk met een van die knappe stewardessen te kletsen dat hij dat helemaal vergeten is.

En dan vreugde... zoete, zalige vreugde. Ik hoor het kreunen en piepen van het landingsgestel dat omlaagzakt en met een zucht van verlichting laat ik me weer onderuitzakken – weer een crisis afgewend. Plotseling begint er wéér iets te kreunen. Het is duidelijk dat die onhandige kluns met zijn elleboog per ongeluk op de knop van het landingsgestel heeft gedrukt, zodat het nu weer wordt ingetrokken. Of zou het landingsgestel soms klem zitten of juist telkens weer terugklappen? Ik heb wel honderd films gezien waarin het landingsgestel niet kan worden neergelaten, of erger nog, waarin er onder de ene vleugel wel een wiel omlaagzakt en onder de andere niet. Het kwam niet in me op dat we niet in een Spitfire zaten.

Er waren tijdens die eerste vlucht nog twee andere belangrijke paniekveroorzakers. Een *ping!* van de intercom en even later komt er haastig een stewardess met een bezorgd gezicht aangelopen over het gangpad. Het is duidelijk dat er iets wanhopig mis is. Ze kijkt zo bezorgd omdat de gezagvoerder haar juist om nog meer koffie heeft gevraagd. En net op dat moment heeft een Eugène die met de knopjes op zijn armleuning zit te spelen, het knopje gevonden waarmee hij een stewardess kan roepen. Die arme meid heeft al een hoop met hem te stellen gehad – elke vlucht heeft wel een Eugène aan boord. Ze beseft maar al te goed dat ze beter eerst even kan gaan vragen wat de gezagvoerder wil, maar het beleid van de luchtvaartmaatschappij is dat de klant vóór gaat, en daarom kijkt ze zo nerveus.

De andere belangrijke reden voor paniek was de regelmatige verandering in toonhoogte van de motoren. Goed, ik had wel verwacht dat ze in het begin zouden gaan loeien, maar waarom hield dat geluid zo snel na de start al op? Geen wonder dat ik dacht dat de motor was uitgevallen of dat er een storing was. En waarom klonken de motoren ineens veel luider toen we waren geland en ik dacht dat ze uitgezet zouden worden?

Omdat het vliegtuig op zijn motoren afremt. Ze draaien dan de andere kant op. Maak je geen zorgen. Als het moet gaat het remmen ook wel zonder motoren. Het toestel heeft een efficiënt remsysteem dat sterk genoeg is om volledig tot stilstand te komen. Remmen op de motoren maakt het eigenlijke remsysteem alleen maar efficiënter en zuiniger.

Wat ik hiermee wil zeggen is dat de toonhoogte van de motoren in de loop van de vlucht zal veranderen – dat is normaal. Het omroepsysteem zal tijdens de vlucht ook regelmatig een *ping*-geluidje laten horen. Als je gaat proberen te beredeneren wat de reden zou kunnen zijn voor elke kleine verandering in toonhoogte van de motoren, elk piepje en kreuntje van het hydraulische systeem of elke bocht die het toestel maakt, dan probeer je op de stoel van de piloot te gaan zitten. En omdat je geen vliegbrevet hebt en niet kunt zien wat er aan de hand is, is dat alleen maar zelfkwelling.

Niet doen dus!

Dat is de negende en laatste instructie:

ga niet op de stoel van de piloot zitten!

Denk je dat de mensen die een fortuin uitgeven aan een luxe oceaancruise proberen het schip te besturen of zich afvragen of het zal zinken en of de kapitein en de bemanning hun vak wel verstaan? Natuurlijk niet. Ze zijn die cruise gaan maken om ervan te genieten en dat doen ze dan ook.

Jij bevindt je in precies dezelfde positie. Je wordt niet voortgedreven door een Eugène en als je je er druk om maakt dat je niet zelf aan het stuur zit, dan is dat volkomen onterecht. Je hebt vertrouwen gesteld in de beste deskundigen ter wereld. Of denk je dat je veiliger zou zijn als je zelf aan de stuurknuppel zat?

Aanvaard daarom maar dat het toestel op verschillende punten van de vlucht een schuine bocht maakt, dat het geluid van de motoren hoger of lager van toon wordt, dat je de hydraulische systemen zult horen piepen en kreunen. Dat er mysterieuze *ping!*-geluidjes uit de intercom zullen komen en dat je misschien halverwege de vlucht ineens te horen zult krijgen dat je je veiligheidsgordel om moet doen. Dat wil niet zeggen dat je op het punt staat een noodlanding te maken, maar dat de gezagvoerder verwacht dat er turbulentie op komst is. Vergeet niet dat ernstige turbulentie heel zeldzaam is en als je zoiets dan toch eens meemaakt, bedenk:

er is geen gevaar!

Het werkelijke verschil tussen mijn eerste en mijn meest recente vlucht is dat ik tijdens die eerste vlucht bang was en dat ik toeliet dat die angst mijn vertrouwen in de veiligheid van de burgerluchtvaart en de deskundigheid van de crew ondermijnde. Daardoor maakte ik een vlucht die een plezierige en opwekkende ervaring had kunnen zijn tot een nachtmerrie. Omdat ik weet dat vliegen zelf veilig is en dat mijn leven in de handen ligt van toegewijde en ongelooflijk goedgeschoolde en op hun taak berekende mensen, vraag ik me nu niet langer bij bepaalde geluiden af of dat het landingsgestel is of dat het de vleugelkleppen zijn. Als ik dat wel deed, zou ik op de stoel van de piloot gaan zitten. Dat zou net zoiets zijn als me laten rijden door Eugène. Dus ik laat de mensen van de crew met alle genoegen hun werk doen – het vliegen – en zij helpen me met het mijne:

genieten van de vlucht!

25

Genieten van de vlucht!

Als er vroeger op Londen Heathrow een vliegtuig veilig geland was, werd er omgeroepen:

je begint nu aan het gevaarlijkste deel van je reis

Ze hadden het natuurlijk over de autorit van Heathrow naar het centrum van Londen. Ik wist dat ze statistisch gezien gelijk hadden, maar om de een of andere reden drong de werkelijke inhoud van die mededeling nooit tot me door. Het water stond me nog in de handen van de inspanning die het me had gekost om het toestel veilig aan de grond te krijgen en mijn opluchting was zo groot dat ik stond te popelen om in mijn auto te stappen en naar huis te rijden.

Nu besef ik dat een deel van deze paradox te verklaren viel vanuit de gehanteerde terminologie. Het is hetzelfde als bij de vraag: 'Wat is het gevaarlijkste: opstijgen of landen?' De vraag lijkt aan te geven dat er gevaar ís. Als de vraag anders was geformuleerd – je begint nu aan het minst veilige deel van je reis – zou die misschien de gewenste uitwerking hebben gehad, maar door de passagiers te vertellen dat autorijden gevaarlijker is dan vliegen, bevestigden ze alleen maar mijn angst dat vliegen gevaarlijk was.

Tegenwoordig geloof ik niet alleen dat autorijden minder veilig is dan vliegen, maar tijdens de rit naar huis ben ik heel voorzichtig en behoedzaam, zelfs als ik zelf aan het stuur zit. Ik wil daaraan toevoegen dat ik alle vertrouwen heb in mijn eigen rijvaardigheid, en zonder onbescheiden te willen lijken, dat ik ook werkelijk heel goed rijd. Ik heb mijn vliegangst dus niet ingewisseld voor rij-angst. Een goede autorijder is volgens mij hetzelfde als een veilige autorijder en ik probeer principes die ik hanteer als het om de burgerluchtvaart gaat ook toe te passen op mijn autorijden. VEILIGHEID VOOR ALLES. Ik ben dus niet bang om auto te rijden, maar ik ben me wél veel beter bewust van de gevaren van het autorijden dan vroeger.

Op grond van de informatie die ik met behulp van de vragenlijst heb verzameld, vele uren praten met mensen die aan vliegangst lijden en mijn eigen ervaringen, met name die met Eugène, werd het me al snel duidelijk dat het verschil tussen van een reis genieten en die als een nachtmerrie ervaren volkomen afhankelijk is van de vraag of je je veilig voelt of niet.

Nu ben ik me ervan bewust dat er vele redenen zijn waarom een reis zelfs als je je veilig voelt nog vervelend kan zijn. Begrafenisstoeten rijden met een snelheid die zelfs de angstigste reiziger nog geen hartkloppingen zou bezorgen, maar je hebt vast nog nooit iemand horen zeggen: 'O, wat was de rit naar de begraafplaats toch prettig!' Dus als de reden voor de reis niet prettig is, zoals een bezoek aan de tandarts of een zakenreis waarvan je wilde dat je die niet hoefde te maken, is het niet aannemelijk dat je van de reis zult genieten, met welk vervoermiddel je die ook maakt. De terugreis kan echter buitengewoon plezierig zijn. Ga maar eens een tijdje bij de deur van een tandartsenpraktijk staan en je zult zien wat een ongelooflijke verandering er te zien is tussen de uitdrukking op het gezicht van de patiënten die naar binnen gaan en de patiënten die naar buiten komen.

Een andere factor die een verder prettige reis kan bederven, is de mate van comfort. Ik ben doodsbenauwd voor kermisattracties. Als ik de moeite had genomen om er onderzoek naar te doen, zou ik ongetwijfeld geconstateerd hebben dat die een stuk veiliger zijn dan autorijden, maar ik heb geen zin om zo'n onderzoek te doen, want zelfs als ze net zo veilig zouden zijn als liften of vliegtuigen geeft het mijn maag geen prettig gevoel om met een noodgang omlaag te schieten terwijl de rest van mijn lijf net een scherpe bocht naar rechts heeft gemaakt.

Wat ik hiermee wil zeggen, is dat er verschillende factoren zijn die een reis onplezierig kunnen maken en die weinig te maken hebben met de veiligheidsaspecten daarvan. Hoe prettig het ritje ook mag zijn, als de tandarts daarna al op je zit te wachten, valt er weinig aan te genieten. Het omgekeerde is echter niet waar. Ook als de reden voor de reis iets heel plezierigs is, wil dat nog niet zeggen dat je ook van de reis zelf zult genieten. In feite is de enige reden waarom je dit boek zit te lezen, dat een prettige reis die je onderneemt met een prettige reden, toch bedorven kan worden door vliegangst.

Ik wil nu een autorit vergelijken met een vliegreis, en daarbij al deze niet terzake doende factoren buiten beschouwing laten. De reden voor de reis is twee weken aan de Costa del Sol. Je hebt een moderne en comfortabele wagen die kortgeleden nog een onderhoudsbeurt heeft gehad en er zit geen Eugène aan het stuur, want je rijdt zelf. Kan het nog beter?

Uit de vragenlijst zijn twee belangrijke angsten naar voren gekomen en het heeft me veel moeite gekost om te bepalen welke van die twee de belangrijkste was. Na verloop van tijd kwam ik tot de conclusie dat de combinatie van deze twee angsten tot vliegangst leidt. Met de eerste daarvan, de angst voor een mechanische storing, hebben we ons al uitgebreid beziggehouden. De tweede is:

ik heb niet in de hand wat er gebeurt!

Waarom denk je dat je dat wél in de hand hebt als je zelf autorijdt? Goed, ik ben het met je eens. Als er niet plotseling iets misgaat met je auto heb je dat wel degelijk in de hand. Je bent misschien geen Eugène, maar die types zitten wél letterlijk overal om je heen op de snelweg. Ze rijden allemaal oerend hard, bumper-aan-bumper, en snijden elkaar – en jou – af waar ze maar kunnen. Heb je daar ook maar enige invloed op? Zelfs op een tweebaansweg kunt je niet voorkomen dat de Eugènes op de andere rijbaan een kettingbotsing veroorzaken en dan op jouw rijbaan belanden, zodat ook daar een kettingbotsing ontstaat. In Engeland gebeurt zoiets minstens één keer per dag en in Nederland zal de toestand niet veel beter zijn. Er komen veel meer mensen om het leven door een auto-ongeluk dan door een vliegtuigongeluk.

'Maar jullie zitten tien kilometer hoog en ik zit veilig op de begane grond!'

Wat is er zo veilig aan de begane grond? De volgende keer dat je over de snelweg raast en je best doet om de Eugènes te ontwijken, denk dan maar eens aan mij, want ik zit rustig en ontspannen op mijn eigen veilige snelweg in de lucht. Eugènes worden hierboven niet toegelaten en op tien kilometer hoogte zijn er geen obstakels, of het nu honderden andere auto's zijn of andere dingen waar je tegenaan kunt botsen. En daarbij gaan we er natuurlijk van uit dat je niet wegdoezelt aan het stuur, zodat je ineens helemaal niet meer op de weg zit.

'Dat kan wel zijn, maar ik rij tenminste zelf. Ik heb zelf in de hand wat er gebeurt!'

Gefeliciteerd. Ik wil je niet voor het hoofd stoten hoor, maar mijn chauffeur is veel beter dan jij of ik, en je bent al die Eugènes al weer vergeten. Vergeet ook niet dat de Duitse Eugènes allemaal minstens 220 rijden.

'Maar wat gebeurt er met de passagiers als de motor er plotseling mee uitscheidt of de piloot een hartaanval krijgt?'

Geen probleem. Ik heb minstens één reservemotor en twee reservepiloten die het allebei binnen een paar seconden van me kunnen overnemen en die allebei net zo goed op hun taak berekend zijn als de gezagvoerder.

'Maar jij gaat minstens achthonderd kilometer per uur en ik maar 130. Achthonderd is toch zeker veel gevaarlijker!'

Dat zou inderdaad een heel stuk gevaarlijker zijn als ik net als jij met zo'n snelheid over de grond reed, met overal Eugènes en andere dingen om tegenaan te botsen om me heen. Maar op een hoogte van tien kilometer is er helemaal niets om tegenaan te botsen. Vergeet niet dat de aarde met een snelheid van meer dan 100.000 kilometer per uur om de zon draait en dat dat in de afgelopen drie miljard jaar nog nooit tot ook maar één enkel ongeluk heeft geleid. Om verschillende redenen ben je een stuk veiliger op tien kilometer hoogte dan op de begane grond. Probeer je maar eens voor te stellen wat je op een hoogte van tien kilometer eigenlijk kan gebeuren.

'Ik snap wat je bedoelt, maar om een hoogte van tien kilometer te bereiken moet dat toestel eerst wel opstijgen. En na verloop van tijd zal het toch een keer moeten landen.'

Nu begin je te begrijpen wat ik bedoel. Op een hoogte van tien kilometer is het volkomen veilig. Met hoge snelheid over de begane grond reizen, dat is pas link. Alleen bij het opstijgen en het landen is er sprake van enig gevaar en zelfs dan is het risico zo oneindig klein dat het niet de moeite waard is om je er zorgen over te maken. De snelheid van het vliegtuig zal heel wat minder zijn dan de snelheid waarmee de gemiddelde Formule 1-wagen over een racebaan suist en zelfs die snelheid zal het toestel maar een paar seconden houden: vlak voordat het loskomt van de grond en vlak na de landing. En zelfs dan is de landingsbaan nog altijd vier keer zo breed als het gemiddelde racecircuit. Bovendien is de startbaan volkomen recht en rijden er geen andere wagens op. In de hele geschiedenis van het motorracen, iets wat we als een riskante sport beschouwen, is er geen enkel ongeluk geweest dat onder dergelijke omstandigheden heeft plaatsgevonden.

En daarbij dien je niet uit het oog te verliezen dat die omstandigheden minder dan twee minuten duren. De hele vlucht naar Spanje duurt trouwens niet langer dan een uur of twee, maar ernaartoe rijden duurt twee dagen! Wil je werkelijk vier dagen van je vakantie verknallen door je door Eugènes het bloed onder de nagels vandaan te laten treiteren terwijl je ook tijdens de hele luchtreis in de zevende hemel kunt verkeren? We hebben onze eindbestemming nu bijna bereikt. Het enige wat we nog voor de boeg hebben, is:

de conclusie

26

De conclusie

De angst is je goedgezind. Alle angst is rationeel. Denk eens terug aan de gorilla en de spiegel. Zolang hij dacht dat zijn spiegelbeeld een rivaal was, was zijn angst volstrekt rationeel. Zijn angst was echter ook gebaseerd op een misvatting en zodra hij dat begreep, had hij geen enkele reden meer om bang te zijn. Als hij echter bang was gebleven, zou de angst irrationeel geweest zijn.

Maar hij is niet bang gebleven!

Vliegangst is volstrekt rationeel. Tegelijkertijd is die echter ook gebaseerd op misvattingen en dus ongegrond. Zodra we al die misvattingen hebben geëlimineerd, hebben we ook de vliegangst zelf geëlimineerd. Jammer genoeg is vliegangst niet zo eenvoudig als het probleem van de gorilla. Die had met maar één misvatting te kampen, terwijl vliegangst een veel ingewikkelder verschijnsel is. Vliegangst is een combinatie van verschillende angsten die stuk voor stuk worden veroorzaakt door een nog groter aantal misvattingen.

Laten we die angsten nog eens onder de loep nemen: vliegen is onnatuurlijk, hoogtevrees, claustrofobie, angst voor verstikking, angst voor slecht weer, angst dat het toestel zonder brandstof zal komen te zitten, angst voor botsingen en neerstorten, angst voor motorstoringen, angst om geen controle over de situatie te hebben, angst voor sabotage en menselijk falen, angst voor brand, angst dat de verkeersleiding een fout maakt, angst dat het toestel gewoon naar beneden zal vallen.

Verbazingwekkend genoeg bleek niemand die de vragenlijst had ingevuld, bang te zijn voor treinreizen. Zijn die soms wel natuurlijk? De trein nemen is niet natuurlijker dan vliegen. Misschien lijkt passagiersvervoer per spoor voor ons wel wat natuurlijker, want dat was al een veilige en algemeen aanvaarde manier van reizen toen we geboren werden, terwijl de ouderen onder ons nog met eigen ogen getuige zijn geweest van de opkomst van een veilige burgerluchtvaart.

Wat claustrofobie betreft, daar kun je in een trein net zo gemakkelijk last van krijgen als in een vliegtuig en in geen van beide zult je de verstikkingsdood sterven. Het risico dat er aan boord brand uitbreekt, is in de trein net zo groot als in het vliegtuig en omdat treinen allemaal op dezelfde hoogte en op dezelfde sporen rijden is de kans op botsingen een stuk groter. Je kunt niet zomaar uit een vliegtuig stappen als je daar zin in hebt, maar dat kun je in een trein ook maar beter niet proberen. Zowel de machinisten als de mensen die de seinen regelen zijn ook maar mensen, en treinen zijn dan ook net zo gevoelig voor menselijk falen als vliegtuigen. Zoals iedere forens heeft ervaren zijn ze ook zeer gevoelig voor slecht weer of motorstoringen. Omdat elke kapotte spoorstaaf en alles wat er op de duizenden kilometers lange sporen wordt gelegd tot ontsporingen kan leiden, zijn treinen bovendien veel kwetsbaarder voor sabotage dan vliegtuigen.

Een van de belangrijkste factoren waar mensen met vliegangst over klagen, is dat ze zo overgeleverd zijn aan anderen. Maar heb je je eigen lot in een trein meer in de hand dan in een vliegtuig? Wat ik daarmee wil zeggen is dat je het aan boord van een trein niet nodig hebt om te denken dat je alles zelf in de hand hebt. Je voelt je ook zó wel veilig. Als je je aan boord van een vliegtuig veilig voelt, zul je ook daar niet langer het gevoel nodig hebben dat je zelf alles in de hand hebt.

We proberen de verwarring te verwijderen. Andere factoren vormen alleen maar een afleiding – als die de werkelijke oorzaak van je vliegangst zouden vormen, had je ook last van treinangst.

Maar als we deze afleidende factoren buiten beschouwing laten, wat blijft er dan nog over? Zijn alle angsten die je voor vliegreizen zou kunnen hebben niet evengoed van toepassing op treinreizen? Bij treinreizen heb je geen last van hoogtevrees – en zelfs als hij werkelijk met een tekort aan brandstof of een motorstoring komt te zitten, stort een trein toch niet neer. Zoals ik al heb uitgelegd is het niet mogelijk om tijdens een vlucht die binnen 'de beperkingen' valt, zonder brandstof te komen te zitten en de kans dat twee motoren tegelijkertijd uitvallen is niet groter dan één op een miljard. En zelfs áls een van die uitermate onwaarschijnlijke gebeurtenissen zich werkelijk zou voordoen, zal het toestel nog niet als een baksteen naar beneden vallen.

Er is echter nog een punt dat een verontrustende uitwerking op je zou kunnen hebben. Rokers die aan een van onze cursussen deelnemen, kunnen vaak maar moeilijk geloven dat ze vier uur later als gelukkige niet-rokers de cursus kunnen verlaten en dat de rest van hun leven kunnen blijven. Velen van hen geloven dat ze een traumatische periode zullen moeten doormaken waarin ze voortdurend wanhopig naar een sigaret zullen snakken.

Alcoholisten geloven vaak min of meer hetzelfde, namelijk dat ze een soortgelijke ontwenningsperiode moeten doormaken en dat ze nooit meer volledig van hun verslaving zullen genezen. Dit vormt een treffend voorbeeld van de enorme kracht van de hersenspoeling waaraan de westerse maatschappij ons vanaf onze geboorte onderwerpt. Het is ongelooflijk. Alcoholisten zien heel goed in dat de alcohol de oorzaak van hun probleem vormt, maar toch lijken ze volkomen blind voor het feit dat ze dat spul, voordat ze verslaafd raakten, helemaal niet nodig hadden, want om de een of andere reden denken ze dat ze de rest van hun leven moeten doorbrengen met jammeren omdat ze zichzelf niet meer in de ellende van het drankmisbruik kunnen wentelen. En wat zelfs nog belachelijker is: terwijl ze twee flessen jenever per dag achteroverslaan, ontkennen ze hardnekkig dat ze een drankprobleem hebben, maar als ze eenmaal bij de AA hun plechtige gelofte hebben gedaan en er geen druppel alcohol meer over hun lippen komt, noemen ze zich wél alcoholist!

Met mijn afvalmethode is het precies hetzelfde. Je hoeft niet te wachten tot je je gewenste gewicht hebt bereikt. Zoals met elk probleem in het leven het geval is, is het probleem al opgelost zodra je wéét dat je de oplossing hebt gevonden. Pas als je gaat twijfelen aan de juistheid van de oplossing, zul je moeten wachten tot de oplossing haar juistheid heeft bewezen. Nu denk je misschien:

Ik kan er niets tegen inbrengen, maar volgens mij heb ik nog steeds vliegangst. Moet ik dan wachten tot ik weer in een vliegtuig zit voordat ik erachter kom of ik over mijn vliegangst heen ben?

Nee, dat toestel stijgt veilig op en zal al even veilig weer landen, zoals altijd. Ik heb tientallen keren gevlogen en ben altijd veilig opgestegen en keurig geland, maar dat genas mij niet van mijn vliegangst. Ik hoefde niet te vliegen om last van vliegangst te krijgen. Die had ik al vóór mijn eerste vlucht. Tijdens mijn daaropvolgende vluchten zijn alle toestellen zonder uitzondering veilig opgestegen en keurig geland, maar mijn geloof dat vliegen onnatuurlijk en gevaarlijk was, werd daardoor niet aangetast.

Vliegangst is een zuiver mentaal probleem, dat is gebaseerd op een aantal misvattingen. Die misvattingen zul je niet verwijderen door je leven te wagen, al doe je dat wel duizend keer en overleef je het allemaal. Die misvattingen kunnen alleen maar verwijderd worden door het besef dat het misvattingen zijn. Je hoeft geen behouden vlucht mee te maken om jezelf van je vliegangst te genezen, net zoals Adelle haar vliegangst al kwijt was na ons gesprek en ik van de mijne werd verlost tijdens mijn onderzoek voor dit boek. Daarom is het van essentieel belang dat jij de jouwe kwijt bent voordat je dit boek uit hebt.

Vliegangst is rationeel als je aan die misvattingen lijdt. Inmiddels zouden we ons van die misvattingen ontdaan moeten hebben en als je nog steeds vliegangst hebt, dan is je vliegangst niet irrationeel, maar dan ben jíj het. Helaas lopen er nogal wat irrationele mensen op deze wereld rond. Ze zijn gezegend met het wonderbaarlijke geschenk van het leven en maar al te vaak zijn het mensen die geen werkelijke problemen lijken te hebben. Ze zijn aantrekkelijk, gezond en welvarend, en hebben aardige gezinnen en leuke vrienden. Maar om de een of andere vreemde reden lijkt het wel of ze zichzelf het leven altijd weer moeilijk moeten maken. Ze zwemmen tegen de stroom in.

Als je nog steeds vliegangst hebt, dan ben je er misschien een van dat slag. Als dat zo is, dan moet je gewoon niet de hele tijd met je hoofd tegen de muur beuken. Het kan natuurlijk ook zo zijn dat er iets nog niet helemaal tot je is doorgedrongen. Als dat het geval is, probeer dan te analyseren welke misvatting je nog niet uit de weg hebt weten te ruimen. Neem Appendix B door en vraag jezelf af of je wel met volle overtuiging elke instructie hebt opgevolgd. Als dát het probleem nog niet oplost, lees dan de tekst nog eens door, en als die misvatting dan nog steeds een probleem voor je vormt, kun je gerust contact opnemen met de Allen Carr-organisatie, zie pagina 159.

De prachtige waarheid is dat vliegen ongelooflijk veilig is, zelfs als we er bang voor zijn. Als je je hebt opengesteld voor mijn argumenten en alle instructies hebt opgevolgd, zul je nu hetzelfde gevoel van opwinding hebben dat Adelle en ik hadden en als een hond die naar buiten wil ongeduldig aan de riem trekken om maar snel aan je eerste of eerstvolgende vlucht te kunnen beginnen. De keus is aan jou. De wereld ligt voor je open.

Grijp je kans!
Het is de moeite waard

Appendix A: de vragenlijst

Bij een onderwerp als vliegangst kan het moeilijk zijn om objectief te zijn. Het enige wat ik van je vraag, is dat je elke vraag zo eerlijk beantwoordt als je maar kunt.

Hoe voel je je als je last hebt van vliegangst?
- Beschaamd?
- Laf?
- Irrationeel?
- Dom?
- Minderwaardig ten opzichte van mensen die niet aan vliegangst lijden?

Heb je naast vliegangst in de regel ook last van:
- Paniekaanvallen?
- Claustrofobie?
- Hoogtevrees?
- Angst om auto te rijden?
- Angst om in een auto te zitten die wordt bestuurd door:
  * sommige andere mensen?
  * het maakt niet uit wie?

Heb je ook angsten ten aanzien van andere vormen van vervoer, te weten:
- treinen?
- boten?
- liften?
- roltrappen?
- kermisattracties?

Beschouw je vliegangst als een fobie?

Lieg je tegen je vrienden en/of familie om je vliegangst te verbergen?

Denk je dat je vliegangst zou verdwijnen als je van tevoren wist dat het toestel veilig zal landen?

Heb je last van andere angsten of fobieën dan die welke hierboven beschreven zijn?

Waarom heb je vliegangst?

Geef een korte beschrijving van de ontwikkeling van je vliegangst. Wanneer is deze begonnen en waardoor denk je dat deze is veroorzaakt? Heeft je vliegangst je ervan weerhouden om te gaan vliegen? Indien dit niet het geval is, is je angst dan groter of kleiner geworden? Heb je voor je vliegangst professionele hulp gezocht?

Appendix B: de instructies

Mocht u verdere informatie willen hebben, of als er na lezing van het boek nog vragen zijn, dan kunt u contact opnemen met de Allen Carr-organisatie via de hieronder genoemde e-mailadressen, telefoonnummers of websites in Nederland en België.

ADRESSEN NEDERLAND EN BELGIË

NEDERLAND

www.allencarr.nl
A.C.E. Nederland BV

Welnalaan 5
7523 NG Enschede
053 478 43 62
info@allencarr.nl

BELGIË

www.allencarr.be
Allen Carr's Easyway België
Rupelmondestraat 100A
9150 Bazel (Kruibeke)
03 281 62 55
easyway@online.be

JOIN US!

Allen Carr's Easyway Clinics have spread throughout the world with incredible speed and success. Our global franchise network now covers more than 150 cities in over 45 countries. This amazing growth has been achieved entirely organically. Former addicts, just like you, were so impressed by the ease with which they stopped that they felt inspired to contact us to see how they could bring the method to their region.

If you feel the same, contact us for details on how to become an Allen Carr's Easyway To Stop Smoking or an Allen Carr's Easyway To Stop Drinking franchisee.

Email us at: join-us@allencarr.com including your full name, postal address and region of interest.

SUPPORT US!

No, don't send us money!

You have achieved something really marvellous. Every time we hear of someone escaping from the sinking ship, we get a feeling of enormous satisfaction.

It would give us great pleasure to hear that you have freed yourself from the slavery of addiction so please visit the following web page where you can tell us of your success, inspire others to follow in your footsteps and hear about ways you can help to spread the word. www.allencarr.com/444/support-us

You can 'like' our facebook page www.facebook.com/AllenCarr

Together, we can help further Allen Carr's mission: to cure the world of addiction.

ALLEN CARR'S EASYWAY CLINICS

The following list indicates the countries where Allen Carr's Easyway To Stop Smoking Clinics are currently operational. Check www.allencarr.com for latest additions to this list.

The success rate at the clinics, based on the three-month money-back guarantee, is over 90 per cent.

Selected clinics also offer sessions that deal with alcohol, other drugs and weight issues. Please check with your nearest clinic, listed below, for details. Allen Carr's Easyway guarantee that you will find it easy to stop at the clinics or your money back.

ALLEN CARR'S
EASYWAY CLINICS

LONDON CLINIC AND
WORLDWIDE HEAD OFFICE
Park House, 14 Pepys Road,
Raynes Park, London SW20 8NH
Tel: +44 (0)20 8944 7761
Fax: +44 (0)20 8944 8619
Email: mail@allencarr.com
Website: www.allencarr.com
Therapists: John Dicey, Colleen Dwyer, Crispin Hay, Emma Hudson, Rob Fielding

Worldwide Press Office
Contact: John Dicey
Tel: +44 (0)7970 88 44 52
Email: jd@allencarr.com

UK Clinic Information and Central Booking Line
Tel: 0800 389 2115

UK CLINICS

Belfast
Tel: 0845 094 3244
Therapist: Tara Evers-Cheung
Email: tara@easywayni.com
Website: www.allencarr.com

Birmingham
Tel & Fax: +44 (0)121 423 1227
Therapists: John Dicey, Colleen Dwyer, Crispin Hay, Rob Fielding
Email: info@allencarr.com
Website: www.allencarr.com

Bournemouth
Tel: 0800 028 7257
Therapists: John Dicey, Colleen Dwyer, Emma Hudson
Email: info@allencarr.com
Website: www.allencarr.com

Brighton
Tel: 0800 028 7257
Therapists: John Dicey, Colleen Dwyer, Emma Hudson
Email: info@allencarr.com
Website: www.allencarr.com

Bristol
Tel: +44 (0)117 950 1441
Therapist: Charles Holdsworth Hunt
Email: stopsmoking@easywaybristol.co.uk
Website: www.allencarr.com

Cambridge
Tel: 020 8944 7761
Therapists: Kim Bennett, Emma Hudson
Email: kim@easywaybucks.co.uk
Website: www.allencarr.com

Coventry
Tel: 0800 321 3007
Therapist: Rob Fielding
Email: info@easywaymidlands.co.uk
Website: www.allencarr.com

Crewe
Tel: +44 (0)1270 664176
Therapist: Debbie Brewer-West
Email: debbie@easyway2stopsmoking.co.uk
Website: www.allencarr.com

Cumbria
Tel: 0800 077 6187
Therapist: Mark Keen
Email:
mark@easywaylancashire.co.uk
Website: www.allencarr.com

Derby
Tel: +44 (0)1270 664176
Therapists: Debbie Brewer-West
Email: debbie@easyway2stopsmok-ing.co.uk
Website: www.allencarr.com

Guernsey
Tel: 0800 077 6187
Therapist: Mark Keen
Email:
mark@easywaylancashire.co.uk
Website: www.allencarr.com

Isle of Man
Tel: 0800 077 6187
Therapist: Mark Keen
Email:
mark@easywaylancashire.co.uk
Website: www.allencarr.com

Jersey
Tel: 0800 077 6187
Therapist: Mark Keen
Email:
mark@easywaylancashire.co.uk
Website: www.allencarr.com

Lancashire
Tel: 0800 077 6187
Therapist: Mark Keen
Email:
mark@easywaylancashire.co.uk
Website: www.allencarr.com

Leicester
Tel: 0800 321 3007
Therapist: Rob Fielding
Email: info@easywayleicester.co.uk
Website: www.allencarr.com

Liverpool
Tel: 0800 077 6187
Therapist: Mark Keen
Email: mark@easywayliverpool.co.uk
Website: www.allencarr.com

Manchester
Tel: 0800 077 6187
Therapist: Rob Groves
Email:
info@easywaymanchester.co.uk
Website: www.allencarr.com

Milton Keynes
Tel: 0800 389 2115
Therapists: Kim Bennett, Emma Hudson
Email: kim@easywaybucks.co.uk
Website: www.allencarr.com

Newcastle/North East
Tel: 0800 077 6187
Therapist: Mark Keen
Email: info@easywaynortheast.co.uk
Website: www.allencarr.com

Nottingham
Tel: +44 (0)1270 664176
Therapist: Debbie Brewer-West
Email: debbie@easyway2stopsmok-ing.co.uk
Website: www.allencarr.com

Reading
Tel: 0800 028 7257
Therapists: John Dicey, Colleen Dwyer, Emma Hudson
Email: info@allencarr.com
Website: www.allencarr.com

SCOTLAND
Glasgow and Edinburgh
Tel: +44 (0)131 449 7858
Therapists: Paul Melvin and Jim McCreadie
Email: info@easywayscotland.co.uk
Website: www.allencarr.com

Sheffield
Tel: 07740 6191 69
Therapist: Joseph Spencer
Email:
joseph@easywaysheffield.co.uk
Website: www.allencarr.com

Shrewsbury
Tel: +44 (0)1270 664176
Therapist: Debbie Brewer-West
Email: debbie@easyway2stopsmoking.co.uk
Website: www.allencarr.com

Southampton
Tel: 0800 028 7257
Therapists: John Dicey, Colleen Dwyer, Emma Hudson
Email: info@allencarr.com
Website: www.allencarr.com

Staines/Heathrow
Tel: 0800 028 7257
Therapists: John Dicey, Colleen Dwyer, Emma Hudson
Email: info@allencarr.com
Website: www.allencarr.com

Stevenage
Tel: 0800 0197 017
Therapists: Kim Bennett, Emma Hudson
Email: mail@allencarr.com
Website: www.allencarr.com

Stoke
Tel: +44 (0)1270 664176
Therapist: Debbie Brewer-West
Email: debbie@easyway2stopsmoking.co.uk
Website: www.allencarr.com

Surrey
Park House, 14 Pepys Road, Raynes Park, London SW20 8NH
Tel: +44 (0)20 8944 7761
Fax: +44 (0)20 8944 8619
Therapists: John Dicey, Colleen Dwyer, Crispin Hay, Emma Hudson, Rob Fielding
Email: mail@allencarr.com
Website: www.allencarr.com

Swindon
Tel: +44 (0)117 950 1441
Therapist: Charles Holdsworth Hunt
Email: stop@easywaysouthwest.com
Website: www.allencarr.com

Telford
Tel: +44 (0)1270 664176
Therapist: Debbie Brewer-West
Email: debbie@easyway2stopsmoking.co.uk
Website: www.allencarr.com

Watford
Tel: 020 8944 7761
Therapists: Kim Bennett, Emma Hudson
Email: kim@easywaybucks.co.uk
Website: www.allencarr.com

WORLDWIDE CLINICS

REPUBLIC OF IRELAND
Dublin and Cork
Lo-Call (From ROI) 1 890 37 99 29
Tel: +353 (0)1 499 9010
Therapists: Brenda Sweeney and Team
Email: info@allencarr.ie
Website: www.allencarr.com

AUSTRALIA
North Queensland
Tel: 1300 85 11 75
Therapist: Tara Pickard-Clark
Email: nqld@allencarr.com.au
Website: www.allencarr.com

Northern Territory – Darwin
Tel: 1300 55 78 01
Therapist: Dianne Fisher
Email: wa@allencarr.com.au
Website: www.allencarr.com

Sydney, New South Wales
Tel & Fax: 1300 78 51 80
Therapist: Natalie Clays
Email: nsw@allencarr.com.au
Website: www.allencarr.com

South Australia
Tel: 1300 55 78 01
Therapist: Dianne Fisher
Email: wa@allencarr.com.au
Website: www.allencarr.com

South Queensland
Tel: 1300 85 58 06
Therapist: Tara Pickard-Clark
Email: sqld@allencarr.com.au
Website: www.allencarr.com

Victoria, Tasmania, A.C.T.
Tel: +61 (0)3 9894 8866
or 1300 790 565
Therapist: Gail Morris
Email: info@allencarr.com.au
Website: www.allencarr.com

Western Australia
Tel: 1300 55 78 01
Therapist: Dianne Fisher
Email: wa@allencarr.com.au
Website: www.allencarr.com

AUSTRIA
Sessions held throughout Austria
Freephone: 0800 7282436
Tel: +43 (0)3512 44755
Therapists: Erich Kellermann and Team
Email: info@allen-carr.at
Website: www.allencarr.com

BRAZIL
São Paolo
Therapists - Alberto Steinberg & Lilian Brunstein
Email: contato@easywaysp.com.br
Tel Lilian - (55) (11) 99456-0153
Tel Alberto - (55) (11) 99325-6514
Website: www.allencarr.com

BULGARIA
Tel: 0800 907050 / +359 899 88 99 07
Therapist: Rumyana Kostadinova
Email: rk@nepushaveche.com
Website: www.allencarr.com

CANADA
Toll free: +1-866 666 4299 /
+1 905 849 7736
English Therapist: Damian O'Hara
French Therapist: Rejean Belanger
Regular seminars held in Toronto, Vancouver and Montreal
Corporate programs available throughout Canada
Email: info@theeasywaytostopsmoking.com
Website: www.allencarr.com

CHILE
Tel: +56 2 4744587
Therapist: Claudia Sarmiento
Email: contacto@allencarr.cl
Website: www.allencarr.com

COLOMBIA, SOUTH AMERICA
Therapist: Felipe Sanint Echeverri
Tel: +57 3158681043
E-mail: info@nomascigarillos.com
Website: www.allencarr.com

CYPRUS
Tel: +357 99 417 288
Therapist: Kyriacos Michaelides
Email: info@allencarr.com.cy
Website: www.allencarr.com

DENMARK
Sessions held throughout Denmark
Tel: +45 70267711
Therapist: Mette Fonss
Email: info@easyway.dk
Website: www.allencarr.com

ECUADOR
Tel & Fax: +593 (0)2 2820 920
Therapist: Ingrid Wittich
Email: toisan@pi.pro.ec
Website: www.allencarr.com

ESTONIA
Tel: +372 733 0044
Therapist: Henry Jakobson
Email: info@allencarr.ee
Website: www.allencarr.com

FINLAND
Tel: +358-(0)45 3544099
Therapist: Janne Ström
Email: info@allencarr.fi
Website: www.allencarr.com

FRANCE
Sessions held throughout France
Freephone: 0800 386 387
Tel: +33 (4) 91 33 54 55
Therapists: Erick Serre and Team
Email: info@allencarr.fr
Website: www.allencarr.com

GERMANY
Sessions held throughout Germany
Freephone: 0800 07282436
Tel: +49 (0) 8031 90190
Therapists: Erich Kellermann and Team
Email: info@allen-carr.de
Website: www.allencarr.com

GREECE
Sessions held throughout Greece
Tel: +30 210 5224087
Therapist: Panos Tzouras
Email: panos@allencarr.gr
Website: www.allencarr.com

HUNGARY
Budapest
Tel: +36 06 80 624 426
Therapist: Gabor Szasz
Email: szasz.gabor@allencarr.hu
Website: www.allencarr.com

ICELAND
Reykjavik
Tel: +354 588 7060
Therapist: Petur Einarsson
Email: petur@easyway.is
Website: www.allencarr.com

INDIA
Bangalore & Chennai
Tel: +91 (0)80 415 40624
Therapist: Suresh Shottam
Email: info@easywaytostopsmoking.co.in
Website: www.allencarr.com

ISRAEL
Sessions held throughout Israel
Tel: +972 (0)3 6212508
Therapists: Ramy Romanovsky, Orit Rozen, Kinneret Triffon
Email: info@allencarr.co.il
Website: www.allencarr.com

ITALY
Sessions held throughout Italy
Tel/Fax: +39 (0)2 7060 2438
Therapists: Francesca Cesati and Team
Email: info@easywayitalia.com
Website: www.allencarr.com

JAPAN
Sessions held throughout Japan
www.allencarr.com

LITHUANIA
Tel: +370 694 29591
Therapist: Evaldas Zvirblis
Email: info@mestirukyti.eu
Website: www.allencarr.com

MAURITIUS
Tel: +230 499 2300
Therapist: Heidi Hoareau
Email: info@allencarr.mu
Website: www.allencarr.com

MEXICO
Sessions held throughout Mexico
Tel: +52 55 2623 0631
Therapists: Jorge Davo and Mario Campuzano Otero
Email: info@allencarr-mexico.com
Website: www.allencarr.com

NEW ZEALAND
North Island – Auckland
Tel: +64 (0)9 817 5396
Therapist: Vickie Macrae
Email: vickie@quitsmoking.co.nz
Website: www.allencarr.com

South Island – Christchurch
Tel: 0800 327992
Therapist: Laurence Cooke
Email: info@easywayseminars.co.nz
Website: www.allencarr.com

NORWAY
Oslo
Tel: +47 93 20 09 11
Therapist: René Adde
Email: post@easyway-norge.no
Website: www.allencarr.com

PERU
Lima
Tel: +511 637 7310
Therapist: Luis Loranca
Email: informes@allencarrperu.com
Website: www.allencarr.com

POLAND
Sessions held throughout Poland
Tel: +48 (0)22 621 36 11
Therapist: Anna Kabat
Email: info@allen-carr.pl
Website: www.allencarr.com

PORTUGAL
Oporto
Tel: +351 22 9958698
Therapist: Ria Slof
Email:
info@comodeixardefumar.com
Website: www.allencarr.com

ROMANIA
Tel: +40 (0) 7321 3 8383
Therapist: Diana Vasiliu
Email: raspunsuri@allencarr.ro
Website: www.allencarr.com

RUSSIA
Moscow
Tel: +7 495 644 64 26
Therapist: Fomin Alexander
Email: info@allencarr.ru
Website: www.allencarr.com

St. Petersburg
Website: www.allencarr.com

SERBIA
Belgrade
Tel: +381 (0)11 7158221
Email: office@allencarr.co.rs / milos.rakovic@allencarr.co.rs
Website: www.allencarr.com

SINGAPORE
Tel: +65 6329 9660
Therapist: Pam Oei
Email: pam@allencarr.com.sg
Website: www.allencarr.com

SLOVENIA
Tel: 040 776177
Email: easyway@easyway.si
Website: www.allencarr.com

SOUTH AFRICA
Sessions held throughout South Africa
National Booking Line: 0861 100 200
Head Office: 15 Draper Square, Draper St, Claremont 7708, Cape Town
Cape Town:Dr Charles Nel
Tel: +27 (0)21 851 5883
Mobile: 083 600 5555
Therapists: Dr Charles Nel, Malcolm Robinson and Team
Email: easyway@allencarr.co.za
Website: www.allencarr.com

SPAIN
Madrid
Tel: +34 91 6296030
Therapist: Lola Camacho
Email: info@dejardefumar.org
Website: www.allencarr.com

Marbella
Tel: +44 8456 187306
Therapist: Charles Holdsworth Hunt
Email: stopsmoking@easywaymarbella.com
Sessions held in English
Website: www.allencarr.com

SWEDEN
Göteborge
Tel: +46 (0)8 240101
Email: info@allencarr.nu
Website: www.allencarr.com

Malmö
Tel: +46 (0) 40 30 24 00
Email: info@allencarr.nu
Website: www.allencarr.com

Stockholm
Tel: +46 (0) 735 000 123
Therapist: Christofer Elde
Email: kontakt@allencarr.se
Website: www.allencarr.com

SWITZERLAND
Sessions held throughout Switzerland
Freephone: 0800 728 2436
Tel: +41 (0)52 383 3773
Fax: +41 (0)52 3833774
Therapists: Cyrill Argast and Team
For sessions in Suisse Romand and Svizzera Italiana:
Tel: 0800 386 387
Email: info@easyway.ch
Website: www.easyway.ch

TURKEY
Sessions held throughout Turkey
Tel: +90 212 358 5307
Therapist: Emre Ustunucar
Email: info@allencarrturkiye.com
Website: www.allencarr.com

UKRAINE
Crimea, Simferopol
Tel: +38 095 781 8180
Therapist: Yuri Zhvakolyuk
Email: zhvakolyuk@gmail.com
Website: www.allencarr.com

Kiev
Tel: +38 044 353 2934
Therapist: Kirill Stekhin
Email: info@allencarr.kiev.ua
Website: www.allencarr.kiev.ua

USA
Central information and bookings:
Toll free: 1 866 666 4299
New York: 212 330 9194
Email: info@theeasywaytostopsmoking.com
Website: www.allencarr.com
Seminars held regularly in New York, Los Angeles, Denver and Houston
Corporate programs available throughout the USA
Mailing address: 1133 Broadway, Suite 706, New York, NY 10010
Therapists: Damian O'Hara, Collene Curran